铁路货物运输绿色产品策划

李建国　徐安策　编著

中国铁道出版社有限公司

2023年·北　京

内 容 简 介

本书主要从运输市场的概念、特点和结构入手，对铁路货运产品的组织原理、结构体系和质量特征进行阐述，提出了铁路货运产品开发、策划基本组织方法，并合理运用技术设备、绿色物流技术、系统工程方法、供应链网络建设和产品价格策略，打造铁路绿色货运产品和国际物流中欧班列产品，以便达到安全、迅速、环保、经济、便利地运输货物的目的。

本书可供铁路货运系统干部职工及物流企业、货运代理企业、货主企业的有关技术和管理人员学习参考。

图书在版编目(CIP)数据

铁路货物运输绿色产品策划/李建国，徐安策编著. —北京：中国铁道出版社有限公司，2023.7

ISBN 978-7-113-29447-2

Ⅰ.①铁… Ⅱ.①李…②徐… Ⅲ.①铁路运输-货物运输-研究 Ⅳ.①U294.1

中国版本图书馆CIP数据核字(2022)第125297号

书　　名：铁路货物运输绿色产品策划
作　　者：李建国　徐安策

责任编辑：秦绪涛　　**编辑部电话：**(010)51873024
封面设计：刘　莎
责任校对：苗　丹
责任印制：赵星辰

出版发行：中国铁道出版社有限公司(100054，北京市西城区右安门西街8号)
网　　址：http://www.tdpress.com
印　　刷：北京铭成印刷有限公司
版　　次：2023年7月第1版　2023年7月第1次印刷
开　　本：880 mm×1 230 mm 1/32　**印张：**8.125　**字数：**196千
书　　号：ISBN 978-7-113-29447-2
定　　价：32.00元

前　言

为充分体现铁路在服务国家运输结构调整，打赢蓝天保卫战中的重要作用和责任担当，进一步巩固铁路在综合交通运输系统中的骨干地位，实现绿色物流成为构建生态城市的主要途径的目标，基于铁路运输业的实际运行状况，制定科学合理的发展规划，开展铁路货运绿色发展的相关研究，发展绿色物流十分必要。中国国家铁路集团有限公司 2020 年科技项目开发计划中设计了《黄河流域铁路货运绿色发展关键技术研究》重点课题，作者结合课题编写本书。

绿色交通运输旨在降低物流活动造成的交通拥挤和环境污染，促进社会公平，节省建设维护费用，其目标在于发展低污染、多元化交通工具，以构建和谐高效的交通运输系统，以及为最大限度地降低交通污染程度而对交通源、交通量、交通流进行规制的体系。绿色交通运输的理念是三方面的完整统一结合，即：①通达、有序；②安全、舒适；③低能耗、低污染。绿色运输指的是以节约能源、减少废气排放为特征的运输，是绿色物流的一项重要内容。

铁路是国家重要的基础设施，国民经济的大动脉，交通运输体系的骨干，承担新时代交通强国、铁路先行的历史使命。我国幅员辽阔、内陆深广，资源分布与工业化布局不对称，以及地区经济发展差异较大的国情，决定了铁路承担大区间物资交流和区内物资运输的任务十分繁重，在我国经济社会发展中具有不可替代的作用。与其他现代化运输方式相比，铁路货物运输具有适应性强、运输能力较大、安全程度较高、运行速度较快、能耗小、环境污染程度小及运输成本较低等技术经济特征。铁路在确保煤炭、石油、粮食、化肥等重点物资运输方面发挥了突出作用。

本书从运输市场的概念、特点和结构入手，对铁路货运产品的组织原理、结构体系和质量特征进行阐述，提出了铁路货运产品开发、策划基本组织方法，并合理运用技术设备、绿色物流技术、系统工程方法、供应链网络建设和产品价格策略，打造铁路绿色货运产品和国际物流中欧班列产品，以便达到安全、迅速、环保、经济、便利的绿色运输目的。本书可供铁路货运系统职工及物流企业、货运代理企业、货主企业有关技术和管理人员学习参考。

本书编写过程中，得到了兰州交通大学、中国铁道科学研究院集团有限公司有关教授、专家和中国铁路兰州局集团有限公司货运部的大力支持，在此表示感谢。本书借鉴了国内外许多同行的学术研究成果，谨向这些作者及在此领域有所贡献的专家、学者致以诚挚的感谢！由于时间和能力水平所限，以及铁路物流技术日新月异的快速发展，本书难免有不足或错漏之处，恳请广大同行、读者给予批评指正。

作　者

2023 年 5 月

目　　录

第一章　绪　　论

本章介绍了运输市场的概念、特点、构成和分类，描述了铁路货物运输在国民经济和社会发展中的作用，归纳了铁路货物运输生产的特点和技术经济特征，围绕世界铁路货物运输的主要发展趋势，我国铁路货物运输的主要发展方向，对铁路货运产品的内涵与特征进行分析，结合铁路货运产品设计原则及结构体系设计，提出了铁路货运产品开发方案、流程和组织实现。

第一节　运输市场概述

一、运输市场的概念

在商品经济条件下，运输劳务作为一种商品进行生产和交换，因此运输市场也是整个市场体系中的一部分。基于对市场概念的理解，运输市场也可从以下三方面进行描述。

（一）运输市场是运输劳务交换的场所

运输市场是实现旅客或货物空间位移的场所。由于运输活动过程既代表了运输产品的供给过程，又表现为运输产品的消费过程，两者的部分重叠性特点出现于实现旅客或货物位移的过程中，而有形产品的生产地点、消费地点同交易地点并不一定相同。为了清楚地划分出运输市场与运输生产或消费地点之间的区别，运输市场的概念可以理解为促使实现旅客或货物空间位移的场所或领域，如运输代办点、旅客售票所或车站等，在这里运输需求方（旅客和货主)、运输供给方(运输企业及运输代理人)相互见面,在条件具备的情况下发生交换行为。

(二)运输市场是运输劳务交换关系的总和

此种解释属广义概念,即运输市场是指进行运输劳务交换所反映出的各种经济关系和经济活动现象。它不仅是指进行运输劳务交易活动的有形场所或领域,而且包含了交易双方及与交易双方联系密切的有关单位和组织之间的经济联系;不仅包含了直接的运输经济活动,而且包含了间接参与的运输经济活动,如运输市场调查与预测、客流货源的组织、运价制度的制定等。

(三)运输市场是指运输劳务现实的和潜在的需求者的集合

这是从运输劳务供给者的角度,以运输需求为研究对象理解。对于运输企业,把运输市场的概念限定在运输需求方及运输需求方的购买行为趋向上。通常所说的运输企业提高市场占有率、扩大市场覆盖时,就是以对运输市场的此种理解为前提。

从这一观点出发,不管对货运市场、客运市场,还是对与其有关的运输辅助服务市场,一般都认为运输市场规模的大小取决于三个方面的因素,即运输需求的单位数、运输劳务的购买力和运输劳务的需求趋向。运输企业只有了解本企业产品的需求状况,才能把握市场,使营销工作具有针对性。

以上三种关于运输市场概念的解释,并没有完全对立之处,相互之间有一定的互补作用。它们之间差异之处在于各自解释的出发点、侧重点及对运输市场理解的广度不同。第一种解释只是从运输劳务交换的场所和领域阐述的,属狭义理解,比较具体、形象;第二种解释从商品交换活动所产生的各种经济关系、经济活动现象入手,把握了市场的本质内容,属广义理解;第三种解释则是站在运输经营单位促进市场营销活动的角度，以运输需求者为研究对象展开论述。

二、运输市场的特点

运输市场既是整个市场的一个重要组成部分，又有运输产品生产过程、运输需求过程和运输产品的特殊性，运输市场除具有一般市场共性外，也具有区别于其他市场的特殊性。

(一)运输市场是整个市场体系中的重要组成部分

现代市场体系既包括农产品市场、工业品市场、消费资料市场、生产资料市场，也包括资金市场、劳动力市场、技术市场、信息市场等生产力要素市场，还包括工业产权市场、知识产权市场、专利市场等特殊市场。按照运输业的特点，运输市场应划在商品(产品)市场内，只不过运输市场交换的“商品”具有区别于一般商品的特殊性，是一种劳务。

(二)运输商品的生产、交换、消费的同步性

在其他商品市场上，商品的生产、交换、消费都是相互独立存在的，分成三个阶段，并形成一个整体循环过程。而运输市场则不同，其商品经营者同时是商品生产者，运输产品的生产过程同时又是消费过程，这就形成了生产、交换、消费同步进行的特征。

(三)运输市场的非固定性

运输市场没有有形产品，也不像其他工农业产品市场那样有固定的场所和区域来出售产品。运输市场很难使运输交换过程在一个固定的场所完全实现。运输活动在开始提供时只是一种“承诺”，即以车票、货票或运输合同等作为契约保证，随着运输生产过程的进行，通过一定的时间和空间延伸，在运输生产过程结束时，才将运输劳务全部提供给运输需求者。整个市场交换行为，并不

局限于一时一地，而是具有较强的广泛性、连续性和区域性。如铁路运输市场是由车站和线路在很大范围内组成的，其生产和交换实质是在线路上流动完成的，其市场具有显著的非固定性。

（四）运输需求的多样性

由于运输需求者的经济条件、需求习惯、需求趋向等多方面存在比较大的差异，必然会对运输劳务提出各种不同的要求，从而使运输需求呈现出多样性特点。其主要表现在：按时或迅速使旅客或货物到达目的地，这是时间上的要求；旅客乘车、货主托运领取货物方便，这是方便性的要求；票价、运价便宜经济；旅客运输舒适、平稳；整个运输过程必须安全、可靠。运输需求的多样性往往表现在对不同运输工具、服务方式的选择上。

（五）运输供给的不均衡性

国家经济要发展，交通运输作为先导产业必须先行。从总体上看，运输需求远远大于运输供给，但由于客流、货流均存在着时间性、方向性、地域性的不均衡性，便造成了运输供给的不均衡。这种不均衡可以依靠运输市场调节机制的有效发挥，凭借敏感的价值规律的自动反馈，使不平衡的差值限制在一定的范围内。

运输市场是不断发展变化的，运输市场的特点也在随时间的变化而变化。

三、运输市场的构成

一般情况下，运输市场主要由运输需求方、运输供给方和运输中介等运输市场主体，以及可供交换的运输劳务（运输市场客体）组成。

（一）运输市场主体

运输市场主体是指运输市场上发生交换关系的当事人，可分为运输需求者、运输供给者和运输中介。

1. 运输需求者

运输需求者是指旅客或货主。运输需求者参与市场活动的主要目的有两种：一是通过运输劳务获得其效用的满足，如乘车旅行、运送货物等；二是在考虑运输效用满足的同时，追求经济性，即用较少的代价获得运输效用的满足。在市场经济的条件下，运输需求者的上述行为目标是同时并存的，缺乏其中任何一个，其行为将是不正常的。

2. 运输供给者

运输供给者是指提供运输劳务的单位（或当事人），如汽车运输企业、航空公司、铁路企业等。运输供给者是以提供运输劳务获得相应经济效益为目标。

3. 运输中介

运输中介是指介于运输需求者和运输供给者之间并为之服务的运输市场中间组织，如物流公司、货运代理公司、客运公司、配载中心、运输交易所等。运输中介组织往往具有双重身份，相对于运输供给者来说，它是运输需求者；相对于运输需求者来说，它是运输供给者。作为独立的市场经济组织，运输中介依靠服务供需双方来参与市场活动并以追求自身经济利益为目标。

运输市场主体之间的相互关系及相互影响如图 1-1 所示。

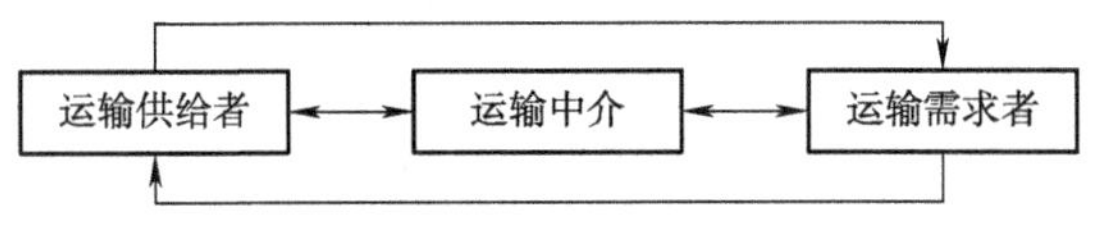

图 1-1 运输市场主体之间的相互关系

(二)运输市场客体

运输市场客体是指运输市场主体间发生交换关系的物质载

体,即在运输市场上交换的运输劳务。不同的运输工具都可以提供运输劳务,其质量特征是通过安全性、及时性、经济性、方便性和舒适性等属性描述。

除了以上两个主要方面外,运输市场的交易时间、运输市场的空间结构也是构成运输市场必不可少的因素。

四、运输市场的分类

根据研究目的的不同,运输市场可以按下列四种方法进行分类。

(一)按服务对象和性质划分

按服务对象和性质划分,运输市场是由运输基本市场和相关市场组成。

运输基本市场是以客、货运输为主导的客运市场、货运市场,它是以运输旅客、货物为服务对象,并直接向旅客、货主提供劳务为主要形态的市场。

运输相关市场是指与运输基本市场相互影响、相互作用、相互依存而不能单独存在的市场。它可以划分为直接相关市场和间接相关市场。直接相关市场包括运输车辆租赁市场、包车市场、运输信息服务市场、装卸和搬运市场、货物存储和保管市场等。间接相关市场包括运输设施建筑市场、运输设备买卖市场、运输设备维修市场。间接相关市场的服务对象不是旅客和货主,而是运输经营单位,从市场形态上不完全属于运输劳务市场,而分别属于建筑市场、工业品市场、技术市场和其他性质的服务市场。从这个意义上讲,目前研究的运输市场主要包括运输基本市场和运输直接相关市场两大类。

(二)按运输对象划分

按运输对象划分，运输市场可分为客运市场和货运市场。

客运市场范围可划分为城间和城乡客运市场、城市客运市场、旅游客运市场、国际客运市场等，按经营组织方式可分为散客客运市场、团体客运市场、包车客运市场等；货运市场按货物类别不同可划分为液体(油、气)货运市场、散堆货运市场、成件包装货运市场和特种货运市场等，按经营组织方式的不同可分为整车货运市场、零担货运市场、集装箱货运市场等。

(三)按运输范围和区域划分

按运输范围和区域划分，运输市场是由地方性运输市场、国内运输市场和国际运输市场组成。

对于不同的运输方式，由于运输经济运距的限制，其运行范围也会受到影响。但是随着运输基础设施的改进，各种运输工具的运输范围也会发生一定的变化。例如，在长途货运市场上，由于高等级公路通车里程的不断增加，公路运输已成为铁路运输强有力的竞争对手。

(四)按运输市场供求状况划分

按运输市场供求状况划分，运输市场可以分为运输买方市场和运输卖方市场。

运输买方市场的基本特征是：①运输供给大于运输需求；②运输供给方竞争激烈；③运输供给方的竞争分为价格竞争和非价格竞争，其中非价格竞争以质量竞争为核心。所以，运输供给方的激烈竞争，必然对运输需求方有利。运输买方市场又称运输需求者主权市场。

运输卖方市场的基本特征是：①运输市场呈供小于求状态；②运输需求方竞争激烈；③市场对运输供给方有利。运输卖方市场也称运输供给者主权市场。

由于运输买方市场是竞争、宽松的市场，有利于运输资源的优化配置，有利于运输专业化水平和运输社会化程度的提高，因此建立适度的运输买方市场成为国家完善运输市场的一项战略取向。因而，交通运输企业必须时刻了解这一战略取向的进程，积极主动地参与运输市场竞争。

五、铁路绿色运输市场

当前，以生产为中心的铁路市场发展模式已经不适应现代市场发展的需求，铁路货运营销长期滞后。为了改变这一现状，铁路市场应以客户需求为导向，实现面向客户的铁路物流生产营销模式，并在其发展过程中，有效地强化绿色物流的思想。

(一)铁路绿色运输市场发展

1. 理念变化

长期以来，各种运输方式大量出现，抢占了铁路运输的市场份额，但近年来，随着人们环保意识的增强，人们重新审视了铁路作为一种环保节能的运输方式的重要性。因此将绿色物流的理念融入铁路运输发展，发展铁路绿色物流市场，符合现代环保意识，也符合我国现在可持续发展的政策要求。虽然铁路绿色物流市场已经有所发展，但由于其尚没有得到广泛推广，致使人们对铁路绿色物流市场的发展还存在顾虑，认为其可能会增加物流成本。

2. 设施配套

目前我国铁路绿色物流市场刚刚起步，铁路物流基础设施比较落后，信息技术水平较低。铁路绿色物流是循环型物流，即在最大化减少环境污染的同时，实现能源资源的循环利用，但要实现这一目标必须要有相配套的基础设施和物流技术作保障。但是，我国目前铁路绿色物流的基础设施还无法支撑其发展，还应该大力支持铁路绿色物流市场的快速发展。

3. 信息化建设

目前我国铁路已经基本实现了信息自动化，例如在基层站段货运制票、货运计划、货运追踪等环节已建成各种自动化信息系统，但从铁路绿色物流的角度看，铁路系统的自动化水平低，到目前为止还没有一套适合铁路绿色物流的全程管理信息系统。铁路绿色物流供应中的各个环节信息沟通不流畅，造成了大量的人力财力浪费，不符合绿色物流的理念，因此铁路系统需要开发一套适合铁路绿色物流全程管理的信息系统。

(二)铁路绿色运输市场地位

1. 在交通运输体系中铁路处于领先

由于目前全球能源消耗加剧，人们越来越重视环境与能源的可持续发展，而铁路运输适应可持续发展的要求，主要有三点优势:第一，铁路造成的污染较小，这是其他运输方式无法相比的。第二，铁路消耗的能源较低，铁路运输与其他运输方式相比是耗能最少的。据测算，等量运输下，公路的能耗是铁路的 9 倍，航空的能耗是铁路的 18 倍，铁路运输的节能效果显著。第三，铁路占用土地资源少，利用率高。此外，铁路运输与其他运输方式相比具有运量大、安全性高、受极端天气影响小的特点，能够保持运输连续性。因此铁路适应国家可持续发展战略要求，在绿色物流理念发展下其优势正日益突出。

铁路作为一种重要的运输方式，在我国经济发展中发挥着越来越重要的作用，这主要与铁路拥有四通八达、遍布全国各地的运输网络有关。另外，铁路运输还具有一些其他交通方式没有的优势，例如运输能力大、速度快、价格相对较低等，使铁路运输在物流体系中发挥着不可替代的作用。

2. 多式联运发展是绿色货运主战场

实现绿色发展,要求提升铁路多式联运市场份额。贯彻落实党中央关于调整运输结构、打赢蓝天保卫战的决策部署,需要铁路进一步发挥绿色优势,提高铁路货运量和市场份额,而铁路多式联运是铁路货运增量的重要着力点和增长点。相关测算表明,"公转铁"每转移 1 亿吨公里,大约可减排 7 500 t 二氧化碳、80 t 氮氧化物、4 t 颗粒物,运输模式转换的生态环境效益相当可观。目前,我国铁路多式联运规模和市场份额仍处于较低水平,与国外发达国家相比仍有较大差距,铁路在综合交通运输体系中的作用有待进一步提升。从综合交通合理分工角度看,应充分发挥各种运输方式的比较优势和组合效率,宜公则公、宜铁则铁、宜水则水,通过促进铁路多式联运总量的增长和市场份额的提升,减少公路不合理运输,实现绿色发展。从铁路自身看,运力受限是影响铁路绿色物流市场发展的重要原因,首先,虽然铁路遍布我国各地,但分布不均匀,我国铁路物流线路主要集中在南北方向,另外节假日等因素对铁路物流有较大影响。且铁路运输路线只能在限定的轨道上行驶,无法到达无轨道的地区,致使铁路无法实现"门到门"服务,物流服务满意度不高。

第二节 铁路货物运输概述

随着我国国民经济的持续发展和社会主义市场经济体制的不断完善,商品供应和交流日益丰富,现代物流业随之迅速发展。作为商品交流的载体,铁路、公路、水路、航空、管道五大运输方式都取得了长足的发展。伴随着我国交通运输体制改革的推进,一个各种运输方式、各运输企业相互竞争、相互联合、相互促进、共同发展的局面正在形成。

一、铁路货物运输在国民经济和社会发展中的作用

铁路是国家重要的基础设施，国民经济的大动脉，交通运输体系的骨干，也是国民经济和社会发展的先行部门，在全面建成小康社会的进程中肩负着重要的历史使命。为了适应全面建成小康社会的目标要求，扩大路网规模，完善路网结构，提高运输质量，快速扩充运输能力，迅速提高装备水平，国务院通过了《中长期铁路网规划(2016—2030)》。计划到 2025 年，铁路网规模达到 17.5 万 km 左右，其中高速铁路 3.8 万 km 左右，网络覆盖进一步扩大，路网结构更加优化，骨干作用更加显著，更好发挥铁路对经济社会发展的保障作用。到 2030 年，基本实现内外互联互通、区际多路畅通、省会高铁连通、地市快速通达、县域基本覆盖。

我国幅员辽阔、内陆深广、资源分布与工业化布局不对称，以及地区经济发展差异较大的国情，决定了铁路承担大区间物资交流和区内物资运输的任务十分繁重，在我国经济社会发展中具有不可替代的作用。据统计，2022 年国家铁路货运总发送量完成 39.03 亿 t，居世界首位，占我国全社会货运总发送量的 7.77%。

二、铁路货物运输生产的特点

(一)铁路货物运输产品的特殊性

铁路货物运输的产品是货物的“位移”，它是一种不具有物质形态的非实物性产品，不改变货物的属性或形态，只是使货物的空间位置发生改变，表现为一种经济效果。这种“位移”产品具有生产、消费同步，产品和能力不能储存的特点。因此，在运输组织中要特别注意运输的均衡性。提高货物运输经济效益的关键在于提

高劳动生产率和设备利用率，即在一定时间内，以相应的人力和设备条件完成最大的货物发送量和周转量。

（二）铁路货物运输劳务的广泛性和延伸性

货物周转量是表征铁路货物运输产量的指标，因而提高铁路货物周转量，扩大铁路在全社会货运市场中的份额，是增加铁路运输效益的前提。虽然目前铁路在各种现代化运输工具中占有重要地位，在国民经济中起到了大动脉的作用，而且繁忙干线能力紧张，铁路的瓶颈压力近期尚不能完全缓解，但同时也应该看到，全社会各种运输方式之间、各种运输企业之间及铁路运输企业内部一些单位之间的竞争正在日益加剧。随着物流概念的引入和运输市场营销的发展，过去单纯的"位移"产品概念被"位移"前后的服务扩大和延伸化，这就要求铁路运输企业应从"站到站"运输逐步转向"门到门"运输，并逐步开展仓储、配送、装卸、包装等综合物流服务。

（三）铁路与其他运输方式的协调性、统一性

铁路、公路、水路、航空、管道五种现代运输方式共同构成国家的综合运输体系，各种运输方式各有其技术经济特征和市场优势范围。随着我国综合运输体系的不断完善和综合运输管理体制改革的逐步深化，各种运输方式应从相互竞争逐步走向相互合作，积极开展多式联运，充分发挥各种运输方式的优势，并提高整个社会的总体效益。铁路要积极开展铁公联运、铁水联运和国际铁路联运，从联运中获得更大的效益。

（四）铁路货物运输过程的复杂性

铁路货物运输过程包括货源组织、运输计划编制、托运、承运、保管、装卸、编组、挂运、中转、到达、交付等多个环节，需要路内外诸多部门的协调、配合。如何将货流转化为车流和列车流，实现有序的运输，是铁路运输组织工作的重要内容。运输的季节性、运输市场的波动性，运输中出现的非正常情况，都影响着铁路运输的正常秩序。为此，既要重视铁路运输经营管理，又要重视生产管理，通过精心组织，提高运输生产的效率和运输产品的质量。

三、铁路货物运输的技术经济特征

与其他现代化运输方式相比，铁路货物运输具有以下明显的技术经济特点。

（一）适应性强

依靠现代科学技术，铁路几乎可以在任何需要的地方修建，可以全年全天候不停业运营，受地理和气候条件的限制较少，具有较高的连续性和可靠性，而且适合于中长途和各类不同品类货物的双向运输。

（二）运输能力较大

铁路是大宗货物通用的运输方式，能够负担大量的货物运输。铁路运输能力取决于列车重量和线路通过的列车对数。其运载单元，即每一列车载运货物的能力远高于汽车和飞机。一般货物列车每列运送货物超过 3 000 t。我国大秦线上运行的 2 万 t 级重载货物列车每列可运送货物超过 16 000 t。

（三）安全程度较高

随着先进技术的采用和发展，铁路运输的安全程度越来越高。特别是在近一二十年，许多国家铁路广泛采用了电子计算机和自动控制等高新技术，安装了列车自动停车、列车自动控制、列车自动操纵、设备故障和道口故障报警、灾害防护报警等装置，有效地防止了列车冲突事故，大大减轻了行车事故的损害程度。

(四)列车运行速度较高

目前,常规铁路货物列车运行速度一般为 60～80 km/h,少数快运货物列车的运行速度可达 140～160 km/h,明显高于水路运输。随着我国铁路线路和货车技术水平的提高,未来我国干线普通货物列车的速度将提高至 120 km/h。

(五)能耗小

铁路运输轮轨之间的摩擦阻力小于汽车和道路路面之间的摩擦阻力。铁路机车车辆单位功率所能牵引的重量约比汽车高 10 倍,因而铁路单位运量的能耗也就比公路运输少得多。铁路在节能降耗方面具有显著优势,电气化铁路还可以把对电的直接消费转变为对煤和水能资源的间接消费,有利于能源的合理利用。

(六)环境污染程度小

发达国家在工业化进程中,其社会及经济与自然环境之间的平衡受到了严重的破坏,其中运输业在某些方面起了主要作用。相比之下,铁路运输对环境和生态平衡的影响程度较小,是公认的环境友好型运输工具,特别是电气化铁路对生态环境的不利影响更小。

(七)运输成本较低

铁路运输成本与运输距离长短、运量的大小密切相关。运距愈长、运量愈大,单位成本就愈低。一般来说,铁路的单位运输成本比公路运输和航空运输要低得多。因此,铁路在中长途货物运价方面具有明显的优势。

(八)灵活性较差

铁路货物运输的主要缺点是由于受运行线路及车站位置的限制,难以实现“门到门”运输,因而灵活性较差。

以上技术经济特征决定了铁路特别适于大宗货物的中长距离运输。

四、铁路货运与生态环境的交互影响

(一)铁路货运对生态环境的影响

1. 环境承载力理论

在生态学领域,1921年Park和Burgess首次提出了承载力的概念。在逐步发展和延伸中,该理论逐渐被引入环境科学,环境承载力理论开始出现。国内较早提出环境承载力概念的曾维华指出:环境承载力是在一定时期与一定范围内,以及一定自然环境条件下,维持环境系统结构所能承受人类活动的阈值。从环境承载力的概念来看,环境承载力研究的是人类活动。人类所处的环境是个复杂的系统,充满了物质、能量和信息的输入、输出及流动,并且是动态的、开放的,该系统支持的人类活动存在一个阈值,环境承载力需要将这个复杂的环境系统抽象化,并在人类不同强度、广度的活动中得到不同的结论值。从已有的研究看,环境承载力具有客观性、变动性、实用性等特点。

2. 铁路货运对环境的积极影响

(1)能源消耗量相对较少

铁路运输具有节省能源和环境污染小的优点。能源是发展国民经济的基础,由于交通运输业消耗大量的能源,而能源消耗又与环境污染有着密切的关系,加之我国的能源短缺状况,如何有效利用和最大可能地节约能源,就成为考察运载工具和选择运输方式的重要标准之一。从节能的角度看,铁路货运是单位能耗最低而完成运输量最多的运输方式。据统计,各种交通运输工具平均每人公里的能耗:高速铁路为571.2 J,普速铁路为403.2 J,高速公路公共汽车为 583.8 J,小汽车为 3 309.6 J,飞机为 2 998.8 J。如以普速铁路每人公里的能耗为 1.0,则高速铁路为 1.42,公共汽车为 1.45,小汽车为 8.2,飞机为 7.44。

(2)有害物质的排放量相对较低

运输车辆排放的有害物质,必然增加环境的污染程度。美国公布的资料显示:各种运输方式对大气的总污染中,汽车运输对空气的污染要比其他运输方式大得多,并集中在人口稠密的地区和城市密集地带。铁路运输中产生的废气一般都以燃油烟气为主,其主要成分为 SO_2、NO_x、CO 等,且排放量相对较少,并且远离市区。

(3)噪声污染相对较小

噪声污染是当今世界四大公害之一。根据各种运输方式的噪声比较,铁路的噪声污染是最低的。研究表明:目前铁路、公路和航空运输形成的噪声约为噪声总量的 20%。如果把航空运输每千人公里形成的噪声表示为 1,则小汽车为 1,大型汽车为 2,高速列车为 1。各种运输工具按其音量的平均值排列的顺序为:铁路为 1,有轨电车、摩托车、小汽车为 8.8,货运汽车为 11.6,飞机为 20。

(4)土地占用相对较少

发展交通运输,需要占用大量的土地,土地是影响农业生产的一个重要因素,尤其对于我国,土地的多少至关重要。而我国人均耕地目前已下降为 1.4 亩(933.33 m^2),不及世界平均数的 1/3。在我国可耕地较少的情况下,重点发展占地少运力大的运输方式是较为合理的。我国交通用地约占土地总面积的 0.7%(包括公路、铁路、居民点以外的道路、机场、码头地等),按主要干线计算,铁路四大主要干线每万换算吨公里占地为 0.006 亩,而高速公路按设计能力计算,每万换算吨公里占地为 0.05 亩,为铁路双线占地的 8.3 倍。因此,从土地占用来看,铁路运输优于公路运输。

(5)运输成本和环境成本相对较低

从经济指标上看,我国铁路运输成本分别是汽车运输成本的1/11～1/17,民航运输成本的1/97～1/267,铁路运输成本相对较低。

环境成本包括交通事故、交通阻塞、大气污染和运输噪声。通过对一些国家铁路、公路和内河运输进行计算,得出的关于运输引起的环境成本表明:公路客运的环境成本为铁路运输的18.4倍,公路货运的环境成本为铁路运输的22.05倍。对比分析,铁路环境成本相对较低。

(6)电力机车的优势明显

电力牵引的开发是铁路牵引动力的主要发展方向,电力机车具有功率大、速度快、过载能力强、自身负重低、牵引力和加速度大、整备作业时间短、维修量少、能源利用率高、运营费用低、便于实现多机牵引、能采用再生制动及清洁环保等优点。

①电力机车清洁环保

电力机车运行时不像蒸汽机车或柴油机车那样产生废气,供电气化铁路使用的发电厂在采用化石燃料时,均会控制废气排放。除此之外,也可使用低污染的风力或水力发电,还能提高热效率。在噪声方面,电力机车在运行时亦比内燃机车安静得多。

②电力机车性能优良

电力机车不需要像蒸汽机车或柴油机车那般自携很重的引擎和燃料,能减轻自重,因此在加减速和最高速行驶方面均比蒸汽机车和内燃机车有优势,可进一步缩减行车时间,是高速列车、动车组等的第一选择。

总体而言,电力机车对环境污染小的优势是无可比拟的,也是铁路独有的优势。发展电气化铁路对于加强铁路运输建设具有深远意义。当前许多国家普遍认为建立一个安全、高效、占地少、污染轻、经济和技术先进的高速铁路网的时机已经成熟。

3. 铁路货运对环境的消极影响

(1)能源的消耗

随着高铁时代的到来,在动车组牵引工作量大幅上升的情况下,铁路运输的能耗和费用也随之上升。同时,由于铁路运输业的发展,其所承担的运输量大大增加,这就导致了铁路运输能源消耗的增加。能源消耗量越大,对环境的影响也就越大。但相较于其他运输方式,铁路运输能耗还是较低的。

(2)固体废弃物

①沿线各站锅炉中产生的炉渣。

②车辆段机械加工和货车清洗过程产生的电石渣、废金属等。

③旅客列车运行过程中产生的垃圾等。

④运营期间运输系统中机务、车辆、客运、房建、生活段、货车及货场等场所、设备、装置向环境中排放的各类生产、生活垃圾等。

此外,一些沿线路段的废物处理不够科学,甚至是直接扔掉,这些废弃物对于农业环境和地质环境造成了极大的影响。

(3)对水体环境的影响

①桥墩施工过程中,挖坑排水会大大增加泥沙含量,对水体造成一定程度污染。

②各个机务段、车辆段等产生的大量含油废水(包括生产污水和生活污水)。据统计,含油污水占运输生产污水总排放量的90%以上。

目前铁路污水的达标率和处理率都较低,各机务段、车辆段污水的重复利用率普遍不高,绝大部分的污水都就近排放,对周边的生态环境造成了很大程度的影响。

(4)噪声带来的影响

铁路运输噪声包括鸣笛噪声、运行噪声及铁轨撞击噪声等,不同类型的列车可能会造成音量不同的噪声,当传播环境良好时,这种噪声会对人们的正常生活和自然环境造成一定的损害。通常来说，影响铁路沿线环境的噪声源一般为列车运行中产生的噪声，即铁轨撞击噪声和鸣笛噪声。由于这种噪声一般产生在列车运行过程中，远离市区和人口密集的区域，可能会对周边环境造成一定的噪声污染，但对人们生活影响不大。

(5)土地资源的影响

铁路修建时本身就要占用一定的土地。由于铁路建设项目的特点，施工中有大量的临时工程，其特点为点多、线长、面广，其数量和规模则因建设项目的类型和所在地区的地形、地质及沿线社会环境(如村庄分布、交通状况)的不同，而有着较大的差异。工程在施工期间相关的临时便道、临时便桥、临时码头、施工营地(人员住地)、施工场地、砂石料场、成品场、材料场等都会造成占用土地、破坏植被、影响景观、水土流失等土地资源问题。

铁路工程修建时的路堑开挖、填筑路堤和隧道开凿等，要搅动山坡上大量的表土，还有大量的弃土，会使周围植被遭受破坏，使得土地资源受到一定程度的影响。

(6)电力机车的影响

电力机车在运行中会因受电弓离线影响而产生无线电辐射，给居民生活或企业运行带来不同程度的影响。此外，铁路沿线有可能布置着各种电气通信设备，例如超短波通信台、广播电视台、雷达信号台等，电磁辐射不可避免会对此类设备构成一定的电磁干扰。

(二)生态环境对铁路货运的影响

环境系统是环境各要素及其相互关系的总和。环境系统的范围可以是全球性的，也可以是局部性的。铁路货运环境系统是铁路货运各环境要素及其相互关系的总和。铁路货运环境系统各要素之间彼此联系、相互作用，构成一个不可分割的整体，有其发生、发展、形成和演化的历史，具有相对稳定性，各种环境要素之间相互制约、相互影响。生态环境对铁路货运的影响主要有以下三个方面。

1. 铁路工程建设项目方面

铁路工程项目的建设、运营离不开环境的影响，铁路工程项目的环境风险贯穿于项目的全生命周期，具体是指气候变化、地理位置、自然灾害、环境污染等给项目带来损失的可能性。构建人与自然的和谐社会是发展目标，这就要求铁路工程项目在建设、运营过程中要充分重视环境风险。

铁路工程项目特点决定了其建设和经营周期长，并且可能要跨山越岭、穿越河流等，往往会穿越多种地质条件，受自然灾害影响的可能性较大，风险损失也相对较高。尤其是铁路工程项目的建设施工受季节的影响巨大，雨季不宜施工，如遇暴雨、洪水等，极易导致工程坍塌、滑坡等灾害的发生，进而造成工期延误和增加工程成本等。

2. 铁路货运运营维护方面

黄河流域各省中由于青海和甘肃地处西北，其地理环境和自然气候极为特殊、复杂，呈现的特点是：夏季气温高、冬季气温低；季节特征显著，夏季炎热短促，冬季寒冷漫长，且昼夜气温变化大；四季风沙大、大风天气多。因气候和地理位置条件，西北地区多处为戈壁干旱地区，由于植被少、土壤及大气湿度小。与其他南方地区的铁路环境相比，铁路的建设与维护存在着不小的困难。

(1)气候影响

冬季低温、长期沙尘天气等因素对动车性能的影响包括：

①低温冷车状态下，各种润滑脂、液压油等油脂黏度普遍增

大，各运动副因得不到有效润滑而使摩擦阻力明显增大。

②在沙尘环境中，摩擦运动副、液压系统及空气制动系统的各零部件加速磨损，还有可能进入到系统内部而发生堵塞，造成各系统出现功能障碍，严重影响使用的可靠性。

③长期的大风天气，列车受侧风影响，且风阻增大，其运行速度、稳定性、品质将受到巨大干扰。

(2)环境影响

由于日照、紫外线辐射强烈及低温、昼夜温差大，对动车组材料的影响包括：

①产生老化反应和物理化学反应，使外露橡胶件易老化，绝缘损坏，电器性能改变，失效速度加快。

②对暴露在空气中的金属和非金属零部件产生冷脆现象，易断裂和老化。动车组焊接、连接件易松动和断裂。动车组运行时，在撞击情况下，其结构件易因材料的低温脆性而损坏，影响工作的可靠性。动车组的各零部件在维修时因为分拆、连接、紧固而易发生脆性破坏。

③车体外部油漆易起包、脱落及受风沙击打出现剥落和掉块。这些因素影响动车组材料性能，也会造成零配件寿命缩短。

④冷热交替频繁，造成配电盘、配线分配箱等内部墙板凝聚大量冷凝水，导致配线及电气元件短路、闪络等问题出现。例如，极端温度、强烈日照，金属和非金属零部件易断裂和老化，电气配件出现烧损、失效，车体外部油漆易起包、剥落和掉块。风沙大，润滑油脂易遭污染，加速各摩擦副的磨损等。因此，列车的检修要求将明显提高，工作量将明显增大，检修成本将明显加大。

3. 铁路货运场站选址方面

(1)气象条件

铁路货运场站选址过程中，主要考虑的气象条件有温度、风力、降水量、无霜期、冻土深度、年平均蒸发量等指标。如选址时要避开风口，因为在风口建设会加速露天堆放的商品老化。

(2)地质条件

铁路货运场站是大量商品的集结地，某些容重很大的建筑材料堆码起来会对地面造成很大压力。如果物流中心地面以下存在淤泥层、流沙层、松土层等不良地质条件，会在受压地段造成沉陷、翻浆等严重后果。为此，对土壤承载力要求高，选址需远离容易泛滥的河川流域与上溢的地下水区域。

(3)地形条件

铁路货运场站应地势高亢、地形平坦，且应具有适当的面积与外形。若选在完全平坦的地形上是最理想的；可选择稍有坡度或起伏的地方；对于山区陡坡地区则应该完全避开；在外形上可选长方形，不宜选择狭长或不规则形状。

五、铁路货运绿色发展方向

(一)铁路货运现存问题及障碍

1. 铁路货运增速缓慢

2011—2022 年，全国货运总量呈逐年增长态势，到 2022 年底，全社会货运总量 506.1 亿 t，较 2011 年增幅 37.34%，年均增幅 2.93%。相比而言，2022 年，全国铁路货运量 49.3 亿 t，较 2011 年增幅 25.45%，年均增幅 2.08%，虽然呈现正增长，但和全社会货运增幅相比，铁路货运增速明显缓慢。

2. 铁路货运量占比小

2022 年，铁路货运量占全社会货运总量的比重为 9.74%，公路货运量占比为 73.35%，水运货运量占比为 16.89%，铁路货运量占比远低于公路运输和水路运输。

3. 物流服务理念滞后

在传统运输组织模式及管理体制影响下，铁路货运服务理念尚未得到根本转变，物流经营意识及服务理念等方面存在差距，现场货运业务人员普遍存在人员年龄结构老化现象，缺乏物流相关知识，不适应现代物流发展需求。

4. 货运服务产品较为单一

长期以来，在铁路运输能力难以满足市场需求情况下，铁路以提高效率、确保安全为主，适应物流市场和客户个性化需求的铁路货运产品开发不足，铁路货运服务产品功能较为单一，产品结构欠合理，难以满足客户个性化和多元化物流需求。

5. 硬件基础设施相对落后

多年来，铁路重点投资客运及运输安全相关设施，物流基础设施缺乏投入，每年投入资金仅用于部分设施维护，大部分铁路货场内场地、道路、仓库、装卸等基础设施十分落后，限制了服务质量的提升。

6. 经营机制欠灵活

在国铁集团和各铁路局集团公司层面，以市场化为导向的顶层设计和经营机制尚未完善，既有管理体制和管理模式仍以内部生产组织和业务管理为主，市场化的组织架构和激励机制尚不健全；在站段及营业网点层面，自主经营空间不大，缺乏对外拓展市场的积极性和自主性。

与公路相比，铁路的灵活性更差，时效性有时无法满足客户需求。对于碎片化、小批量、多批次运输的高附加值货物（简称“白货”）运输，铁路往往难以满足客户个性化的运输需求。铁路发展零散“白货”运输容易造成运能运力的资源浪费，不利于铁路运输组织，运输成本高、承运制清算少。

7. 信息资源整合不足

铁路内部信息系统较多,各系统分属不同部门和系统,缺乏信息的有效整合。铁路内部信息数据与外部的对接不足,难以适应物流行业信息共享的发展要求。

8. 服务与市场需求不匹配

目前,部分铁路职工的思想观念依然陈旧,主动服务意识不强,这与物流配送行业时效性高、服务优质、创新思维强、产业更新快的要求不相匹配,很难形成竞争优势。

9. 运能运力不均衡,无法达到客户要求

虽然铁路已形成四通八达的铁路网,但部分地区仍然存在运能运力不足的问题,特别是在运输旺季,运能运力的供需矛盾更加突出,如铁路车辆不足、线路运输繁忙等。随着“公转铁”政策的实施,铁路货运量急剧增长,铁路运力日益紧张,无法满足客户需求的现象逐渐显现。

部分地区覆盖通达还不足,区域对外客运通道和主要城市群城际通道还需强化,货运网络集疏运体系还不完善,运输服务保障能力还需提升,绿色骨干优势发挥还不充分。

(二)铁路货运绿色化

自党的十九届五中全会以来,我国污染防治攻坚战取得显著成效。但是,挑战压力依然存在,其中有三个“突出”没有从根本上改变,即:以重化工为主的产业结构、以煤为主的能源结构和以公路货运为主的运输结构没有根本改变;污染排放和生态保护的严峻形势没有根本改变;生态环境事件频发的高风险态势没有从根本上改变。

绿色货运的提出顺应了对运输污染问题的关注,为实现经济可持续发展,作为重要经济部门的运输业,需要解决运输导致的环境问题，最终实现运输过程节能减排。我国公路运输承接了70%以上的货运量，但是路运企业长期存在污染严重、专业度不足、经营方式较为传统等问题，所以为实现道路运输节能减排应提升企业运输效率，并发展先进运输组织。因此实现我国货运可持续发展不仅要依托市场，还需将研究运输绿色运营作为着力点，同时应涉及操作、管理、协调、实施、战略等不同经营功能。“十四五”期间，生态环保任重道远。

1. 国内绿色货运研究现状

(1)理论层面

绿色货运的理念源自绿色物流下的绿色运输，其核心是通过实现运输过程中的节能减排，达到调整运能结构的目的，并最终实现货运可持续发展。虽然自20世纪80年代以来，为解决运输导致的环境问题及在运输业中贯彻可持续发展理念，绿色货运在国内外已有数次实践，但当前绿色货运的理论研究主要依托企业实践，所以仅在部分达成共识。

中国绿色货运行动(CGFI)对其支持的绿色货运项目的解释是：由其组建的由私营部门、公司、协会组成的绿色货物运输网络，同时开发二氧化碳测量和报告的方法、工具，并为建设货运能力和融资解决方案建立一个技术平台。在清洁技术和城市货运等领域的国家级绿色货运项目中，帮助公路货运部门实现知识与数据的收集，为政策、方案和倡议提供信息。同时制定一套绿色货运指标，以及相应数据库和程序，用来整理和报告相关国家绿色货运数据。

在结合以上实践和研究的基础上，国内有学者认为绿色货运即是公路、铁路、水运和航空运输领域采取一系列措施，在维持企业竞争力实现盈利增长的同时，实现能源利用效率的提高，降低对化石燃料的依赖，最大限度地减少二氧化碳排放，从而缓解气候变化。而在某些情况下，绿色货运的定义更加宽泛，属于绿色增长范围内，也包括货运的社会经济影响。

梅钢、于进(2010)认为绿色货运的概念是指尽量节约资源、保护环境的货物运输活动，以及为达到此目的对货运交通运输系统进行合理设置与改进。张沙清、邓焕彬、唐万和(2013)等认为绿色货运是指以可持续发展理念为指导，以技术创新、组织创新为手段，提高能源利用效率和运输效率，降低空驶率，最大限度降低道路货运车辆能耗、减少温室气体排放，实现经济社会发展与生态环境保护双赢的一种现代物流形式。亚洲清洁空气中心的看法则宽泛一点，其认为绿色货运是要在维持企业竞争力的同时降低化石燃料消耗，降低运输导致的大气污染。其还认为，在某些情况下，绿色货运应当深入生活保障领域，即包括货运的社会经济影响，例如交通安全、噪声、振动和工作环境等，因此可以纳入绿色增长的范围之内。Chen Q，Tsai S B 等(2018)认为低碳物流满足低碳经济的要求，是物流发展最有效的运营模式，能缓解严峻的能源消耗和全球变暖问题，并实现可持续发展。其旨在降低碳强度，而不是简单地降低能耗和碳排放。

从国内学者的观点中可以看出，宏观上学者们认为运输污染源于交通运输系统中需改进之处，在操作层面上，学者们认为实现路运节能减排是实现货运可持续发展的主要切入点，所以持政府需要引导公路运输实现节能减排的观点者居多，因此当前对于绿色货运的探讨主要围绕运输行业日常经营中的节能减排。

同时也有学者站在中国可持续发展战略角度结合城市物流，提出绿色货运的定义，他们指出绿色货运应以可持续发展理念为主导，将技术创新、组织创新作为手段，以降低空驶率为抓手，最大限度地降低道路货运车辆的运输消耗、以减少温室气体排放。所以绿色货运本质是实现经济社会发展与生态环境保护双赢的一种现代物流形式。

(2)实践层面

①政策约束

2021年,国务院发布《关于印发2030年前碳达峰行动方案的通知》,提出要积极扩大电力、氢能、天然气、先进生物液体燃料等新能源、清洁能源在交通运输领域的应用;推动运输工具装备低碳转型,构建绿色高效交通运输体系,加快绿色交通基础设施建设。

②公转铁政策

为了实现公路转铁路运输的高效性,一般需要完善基础设施的建设,基于高效衔接的多式联运体系的建立,打造互通互联的基础设施。为了满足钢铁、煤炭等企业对于大宗商品的运输需求,需要建立企业专用的铁路运输线路。

根据统计年鉴,公路货运量占全社会货运量的比例由2005年的72.06%提高至2022年的73.35%。同期铁路货运量占比由14.46%降低到9.74%,铁路货运量仅为公路的1/8左右。公路运输承担过多煤炭、矿石等大宗货物长距离运输,使兼具经济和环保优势的铁路、水路难以发挥优势,这种运输结构的变化显然不符合我国绿色发展理念。经过三年运输结构调整政策的推动,铁路运输企业通过采取加快设施建设、优化运输组织、提升全程物流水平、加强与地方政府和相关企业沟通协调等措施,铁路货运量占全社会营业性货运量比例逐步提高。

③公铁联运发展

公铁联运有利于交通运输的发展,对于区域而言,具有较大的协调性,加快工业实现现代化,为工业生产的发展打造有利的基础。对于供应方而言,公路的管理问题始终影响着企业的公路运输效率,公铁联运有效解决公路运输存在的问题,高效利用车队,合理分工，提高供应方的运输效率。对于钢铁企业而言，公铁联运的方式可以提高运输效率，优化铁路运输劣势，有利于促进铁路运输的发展。当下的铁路发展集中在集成开发方面，包括基础构建、运输组织和服务资源等，大力推动运营模式的转变。

驼背运输对于公路和铁路联合运输的发展具有非常重要的作用，优化驼背运输设备，尽量减少商品装卸作业环节，大大提高商品运输的效率。对于铁路运输基础设施的优化，一般是对于市内的铁路货场，为了满足市区内生活物资运输的需求，加大基础设施改造的投资力度，在城市内建立物资配送部门。

2. 国外绿色货运现状

(1)理论层面

国外对货运低碳物流研究比较早，Peter 等(1997)利用回归分析法和神经网络模型对欧洲物流体系进行建模分析，将欧洲作为一个单体研究对象，对整个物流体系进行分析，提出应制定整个欧洲的统筹政策与协调机制，实现节能减排。A. N. Bleijenberg(1998)通过研究欧洲的尾气排放量与相关政策，提出通过提高车辆排放标准、提高运输效率和提高道路通行费用，以实现降低碳排放的目的。

2000 年以后，全球一体化进程加快，各国均意识到节能减排对全球生态环境保护的重要性，多式联运成为提高运输效率、降低碳排放的重要手段，对多式联运方面的研究得到极大发展。Frank(2000)以美国作为研究对象，以 GIS 技术为基础，通过路径优化、公铁水合理安排与衔接，降低了不同区域间货物运输成本，实现综合效率的最优。Y. M. Bontekoning 等(2004)对货物公铁联运的研究现状进行了综合阐述。

2005 年以来，绿色物流逐渐兴起。José Holguín-Veras(2008)通过对城市配送从高峰期转向非高峰期所需的环境和政策进行了深入研究，得到城市配送需求方对服务提供方的服务时间段有决定性影响的结论，并提出将城市配送的运价、配送时间、相关经济补偿机制相结合，以实现城市配送在城市交通非高峰期内进行的目的。Stephen 等(2005)对如何实现城市物流配送满足城市经济发展需求与节能减排双赢的问题进行了研究，在综合考虑经济效益、社会效益、环境效益等因素的基础上，提出了相关对策与建议。Abdelkader Sbihi 等(2007)在综合考虑社会、经济、环境等方面因素的基础上，在运输路径、逆向物流等方面提出了低碳物流发展建议。Laetitia Dablanc(2007)通过分析欧洲部分城市物流所面临的运输组织效率低、现代化水平低等问题，从运输组织优化、现代化技术引入等方面提出相关解决对策。Song 等(2009)从货运物流枢纽、配送中心等设施的布局方面对低碳物流发展的影响进行了阐述。Alberto M 等(2010)以伦敦为研究对象，从设施、路径、政策等方面对缓解城市交通拥堵和节能减排的影响进行了分析。Katarzyna Nowicka(2014)将智能城市物流引入云计算模式(云智能城市物流)，作为未来城市可持续发展中公民需求驱动的灵活物流基础设施性能的概念。

通过对国外学者关于低碳物流政策研究分析发现，相关政策对物流的低碳发展有效，但是各国普遍存在政策制定不足与政策效力不高的问题。

(2)实践层面

①英国伦敦

英国作为世界上第一个完成城镇化的国家，形成了以伦敦为中心的城市群。在城市化进程中，英国重视城乡协调发展，建成了贯通各个城市的完整交通运输网络，注重乡村耕地与生态环境的保护，有效地促进农村地区的发展。伦敦地区各种交通运输紧密衔接，海、陆、空立体交通运输通道完备，铁路运输和航空运输发达，便于将货物运输到英国各大城市及欧洲大陆，以满足货物运输需求。伦敦政府为实现2050年碳中和的目标，长期从事低碳能源的研发投入，持续推广绿色能源车辆的使用，减少交通基础设施中CO_2排放量，为物流和工业场所提供氢气加气站，建设电动汽车快速充电点。

②日本东京

日本交通运输业发达，已形成多种运输方式密切结合的现代化交通运输体系，建设低碳交通、促进技术创新是日本在2050年实现碳中和目标的关键措施。东京作为一个处于城市发展成熟阶段的国际大都市，拥有完备的海、陆、空交通基础设施，一直致力于环境友好城市的建设。为打造低碳交通城市，东京制定了一系列的城市低碳交通规划政策，形成以东京为中心、辐射扩散的城市群综合交通网络。目前东京城市群区域外交通运输主要以水运、铁路为主，区域内交通运输主要以公路为主，铁路干线、城郊铁路和地铁连接良好，货物装卸方便，构建了分工合理、衔接通畅的综合货运体系，保证了东京圈内的货物流通，提高了货物运输的效率，给货物运输创造了便捷条件。近年来，东京将集中在城市中心区的物流设施逐步迁移到交通发达的城市外围地区，有效解决了能源消耗、环境污染和城市交通拥堵问题。

③美国纽约

19世纪工业革命带动纽约城市化发展，同时也出现了交通拥堵、环境恶化等问题。中产阶级开始向环境更好的郊区迁移，随着住宅、商业配套、制造业等不同程度的外迁郊区，逐渐发展形成大量郊区小城市。纽约在城市化与郊区化进程中，形成了完善的轨道交通网络。纽约郊区铁路与城市地铁形成多样化的衔接模式，在连接郊区与城市之间起到了关键作用，有利于降低货物运输费用，节省运输时间，减少由卡车引起的交通堵塞及事故和空气污染。纽约地区多式联运体系和综合运输枢纽建设成熟、运转流畅，形成了一批专业化的物流园区和沿洲际公路形成的物流走廊。为实现美国 2050 年碳中和目标，推进纽约市清洁空气标准，自 2013 年以来，纽约启动了刺激电动卡车、混合动力卡车、压缩天然气卡车等新能源交通工具发展的卡车券计划，鼓励推动应用新能源系列卡车，践行绿色环保和低碳减排政策。

（三）铁路货运绿色发展思路

当前对绿色货运的研究与现实结合比较紧密，其关注点均立足于运输实际，即从单一运载工具的环境效益、运输效率或管理实际出发，上升到对货运市场、运输结构、运输业务种类的关注。我国道路货运行业发展至今，市场主体仍然具有“小、散、弱、乱”的特征。在此背景下，一些新的运输组织模式难以有效发挥作用。例如，货运信息平台由于社会诚信体制不完善、平台之间缺乏共享等原因，始终难以成为货运交易撮合的主要工具。又如甩挂运输模式，虽然国外实践及国内的示范活动已经证明甩挂运输能够提高运输效率，在一些特定区域和企业也有开展甩挂运输的条件，但是受限于公安部门车辆管理相关规定等原因，企业要想真正实施并不容易。

而相比于公路运输，铁路运输更加适应可持续发展的要求，主要有三点优势：第一，铁路造成的污染小，这是其他运输方式无法相比的。第二，铁路消耗的能源低，铁路运输方式与其他运输方式相比是耗能最少的，节能效果显著。第三，铁路占用土地资源少，利用率高。另外，铁路运输与其他运输方式相比具有运量大、安全性高、受极端天气影响小的特点，能够保持运输连续性。因此根据绿色货运理念，应该将货运方式逐渐向多式联运和铁路方向转变。

第三节　铁路货运产品开发概述

随着经济的发展,市场营销环境发生很大变化。一方面,厂商面临产品同质化和需求个性化的双重压力;另一方面,外部环境不确定性对厂商的业绩产生重要影响。竞争的加剧导致产品战略从核心产品的竞争开始向外围产品和外延产品延伸。所以竞争越是倾向于顾客导向,就越要向顾客提供有效的差异化产品。然而传统的定制化产品意味着较高成本和较长的提前期。现阶段市场竞争异常激烈,因此必须研发能够快速、高效地提供个性化产品的方案,以降低成本并提高效率。

一、铁路货运产品的内涵与特征分析

(一)铁路货运产品的内涵

市场营销学对于产品这一概念的表述为:凡是能够为购买者带来有形或无形的效用和利益,满足需求与欲望的实物和劳务都称为产品。

市场营销学还进一步提出了整体产品的概念。整体产品包含三个方面的内容,即实质产品(核心产品)、形式产品和外延产品。实质产品是产品最基本的层次,表示产品的基本效用和利益,是满足顾客需要的核心内容。形式产品是产品的第二层次,反映的是产品的形体,是产品在市场上的存在形式,一般来说有六个方面的内容:品质、特色、款式、品牌、商标和包装。外延产品是第三个层次,指顾客在购买产品时所得到的附加服务或利益,如提供信贷、免费送货、退换、售后服务、其他附加服务等。以上三个层次的综合就形成产品整体概念,它包括有形的与无形的,实物的与非实物

的，核心的与附加的等多方面的内容。只有树立产品整体概念，给客户提供整体产品，才能真正贯彻现代营销理论中以市场为中心的要求，全面满足客户需要。

铁路货物运输行业是服务业的一种，它不像工农业生产那样改变劳动对象的性质和状态，而只是改变运输对象——货物，在空间和时间上的存在状态，具体体现在空间位置的移动，简称为“位移”。位移虽然不创造新的有形产品，也不改变运输对象的形态，但可以增加被运送货物的使用价值。它既是铁路货物运输生产活动产生的效用，也是铁路货运用以出售的产品。由于这一产品是非实物的、无形的，因此也被称为“劳务”。

用整体产品的概念来分析铁路货运产品的内涵，具体表述如下：

(1)实质产品：是客户最基本的需求。消费者购买某种产品，并不是为了占有或获得产品本身，而是为了获得能满足某种需要的效用或利益。客户购买货运产品的实质是希望运输公司提供货物的位移服务。

(2)形式产品：是产品的外在形态，包括品质、特色、款式、品牌、商标和包装。铁路货运产品本身就是无形的，但是铁路货运产品也有一些外在特性，比如商务流程、运输速度、装卸地点、信誉、品牌、与其他交通方式的衔接等。总之，形式产品主要还是围绕着货物运输环节。此时，客户和铁路部门之间一切商务和运作都是界限分明的，他们之间只是一种交易关系。

(3)外延产品：是针对商品特性而产生的各种服务保证，也是客户购买有形产品时所获得的全部附加服务和利益，包括提供信贷、免费送货、质量保证、安装、售后服务等。附加产品的概念来源于对市场需要的深入认识。因为购买者的目的是满足某种需要，因而他们希望得到与满足该项需要有关的一切。对于铁路货运产品来说，客户真正的利益在于获得使其供应链效率达到最佳的物流服务，因此除了与货运服务本身直接相关的一切服务外，铁路企业还可能与客户建立联盟，他们的关系变成了合作伙伴。货物位移不是最终目的，而与客户的供应链的上下两端实现“无缝衔接”以提高运作效率和可靠度才是客户期望获得的价值。

铁路货物运输是一种服务，铁路提供给客户的货运产品同样具有服务产品的特征，主要有以下六点：不可感知性，是指铁路货运提供的是非实物的无形的位移；不可分离性，货运服务过程是客户同铁路货运部门广泛接触的过程，人也是服务产品的主要因素；差异性，货运服务较难像有形产品那样实现标准化，不同时间、不同人参与的运输过程总会存在差异；不可储存性，货运产品生产与消费是同一过程，既不能被储存，也不能被调拨，铁路部门只能根据需求对生产力进行合理布局，科学组织运输生产，使运输能力留有一定后备，满足市场需求；不均衡性，运输需求的多样性和运输供给的分散性造成了货运服务的不均衡性；缺乏所有权，货运产品的生产和消费不涉及任何东西所有权的转移，只是享受货运服务带来的后果，即货物在约定时间内产生约定的空间位移。

（二）基于生命周期形态的铁路货运产品特征

1. 铁路货运产品生命周期的一般形态

产品在市场上从出现到消失的过程就是产品的生命周期，具体地讲，产品的生命周期就是指产品的市场寿命，而不是产品的使用寿命。产品的市场寿命是指产品从进入市场时起到被淘汰退出市场的时间间隔；而产品的使用寿命则是指某种产品进入消费领域被使用，到失去其使用价值的时间间隔。运输企业所提供的旅客和货物的位移，因其在生产过程中就被出售和消费，然而一旦被生产，短期内就不会改变，因此运输产品的使用寿命很短，但其市场寿命却比较长。

铁路货运产品是运输产品的一种，其使用寿命很短，生命周期的一般形态和典型的产品生命周期一样，可分为四个阶段，即：投入期、成长期、成熟期和衰退期，如图 1-2 所示。

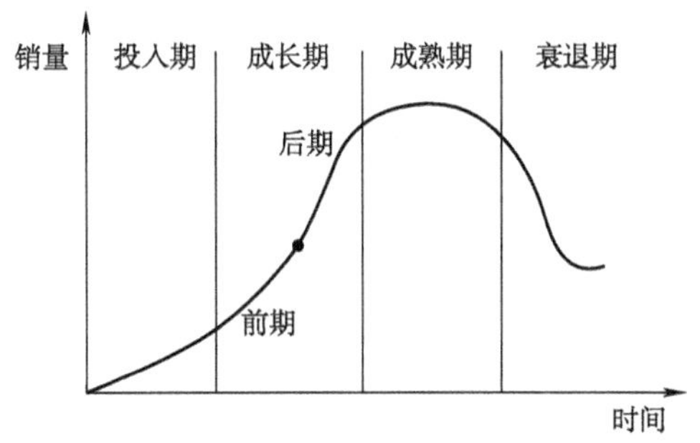

图 1-2 产品生命周期示意

(1)投入期。新产品投入市场，客户对产品还不了解，销售量很低。为了扩展销路，需要大量的促销费用宣传产品。初期产品批量小，平均成本高。销售额逐步增长，但还未到盈亏平衡点，企业收集客户意见，对产品进一步完善。

(2)成长期。这时客户对产品已经熟悉，能够到达这个阶段的产品，说明是有生命力的，否则在介绍期就可能夭折。新客户的数量以较快速度增加，市场逐步扩大，平均生产成本降低，企业的销售额迅速上升，利润开始迅速增长。竞争者将纷纷跟随，使同类产品供给量增加，市场价格随之下降，企业利润增长速度逐步减慢，最后达到生命周期利润的最高点。

(3)成熟期。市场需求趋向饱和，潜在的客户已经很少，销售额增长缓慢，或者可能维持一段时间，直至转而下降，标志着产品进入成熟期。在这一阶段，竞争激烈可能导致价格战，企业利润率下降。

(4)衰退期。随着产品技术和企业营销策略的发展和变化，新产品或新的代用品出现，将使客户偏好发生改变，从而使原来产品的销售额和利润额迅速下降。

产品生命周期可以预示产品品种在各个阶段的发展走势，可以推断产品品种的未来前途，帮助运输企业研究制定产品经营策略，提高产品竞争力。

2. 铁路货运产品生命周期特殊形态

具体到不同产品，也可以在上述四个典型阶段基础上进行裁剪、扩充，形成一些特殊形态。产品生命周期也有以下四种特殊形态：

(1)漫长型产品生命周期：产品的生命周期特别长，无论环境如何变化，人们总是有这样的需求，这样的产品甚至不会退出市场。

(2)快速型产品生命周期：当产品进入市场之后快速发展，但很快就进入衰退期，甚至退出市场。

(3)夭折型产品生命周期：当产品进入市场之后，经过一段时间的成长，还没有进入成熟期就被市场淘汰。

(4)突变型产品生命周期：当产品进入成熟或衰退期之后，该产品通过技术创新或开拓新的市场，从而带动该产品的快速发展，进入新一轮的成长期。

铁路货运产品在其生命周期不同阶段的特点，见表1-1。

表1-1　铁路货运产品在生命周期不同阶段的特点

主要特征	产品发展阶段			成熟期
	投入期	成长期		
		前　期	后　期	
功能特点	运输服务	服务功能拓展	协同化、信息化	供应链管理
市场需求	缓慢增长	增长渐快	先快后慢	需求稳定

续上表

<table>
<tr><th rowspan="3">主要特征</th><th colspan="3">产品发展阶段</th><th rowspan="3">成熟期</th></tr>
<tr><th rowspan="2">投入期</th><th colspan="2">成长期</th></tr>
<tr><th>前　　期</th><th>后　　期</th></tr>
<tr><td>需求偏好</td><td>价格偏好</td><td>价格偏好</td><td>价格/质量偏好</td><td>完全定制化</td></tr>
<tr><td>需求价格弹性</td><td>较大</td><td>大</td><td>大</td><td>较小</td></tr>
<tr><td>市场集中度</td><td>低</td><td>较低</td><td>高</td><td>较高</td></tr>
<tr><td>规模经济性</td><td>较低</td><td>较低</td><td>较高</td><td>高</td></tr>
<tr><td>竞争程度</td><td>高</td><td>较高</td><td>高</td><td>较低</td></tr>
<tr><td>垄断程度</td><td>低</td><td>较低</td><td>较高</td><td>较高</td></tr>
<tr><td>竞争方式</td><td>价格竞争为主</td><td>价格竞争为主</td><td>价格与非价格竞争并存</td><td>非价格竞争为主</td></tr>
<tr><td>产品特性</td><td>同质化、核心产品</td><td>有差异，有附加产品</td><td>差异较大，有附加产品和外延产品</td><td>差异很大，整体产品</td></tr>
</table>

二、铁路货运产品设计原则

产品设计原则是产品设计过程中要贯彻执行的基本准则。铁路货运产品设计原则主要体现对客户需求、社会环境的态度和对自身资源的认识与利用。

(一)满足多样化需求的原则

市场营销认为消费者主要通过产品来满足各种需求和欲望，而消费者的消费方式是多层次、多样化的。为了提高市场竞争力，企业必须实施差异化战略，即针对不同层次的运输需求提供不同的、有别于竞争对手的运输服务。

差异化战略是提供与竞争者不同的、更受客户青睐的产品和服务，满足客户个性化的需求，形成竞争优势的战略。利用有意形成的差异化，建立起差别竞争优势，以形成对"入侵者"的行业壁垒，并利用差异化带来的较高边际利润补偿因追求差异化而增加的成本。企业形成这种战略主要是依靠产品和服务的特色，而不是产品和服务的成本。但是应该注意，差异化战略不是说企业可以忽略成本，只是强调这时的战略目标不是成本问题。

企业采用这种差异化战略，可以很好地防御行业中的五种竞争力量：

1. 形成对潜在进入者的壁垒：由于产品的特色，客户对产品或服务具有很高的忠实程度，从而该产品和服务具有强有力的进入障碍，潜在的进入者要与该企业竞争，则需要克服这种产品的独特性，所以差异化可以形成进入障碍。

2. 降低客户敏感程度：由于差异化，客户对该产品或服务具有某种程度的忠实性，当这种产品的价格发生变化时，客户对价格的敏感度不高。生产该产品的企业便可以运用产品差异化的战略，在行业的竞争中形成一个隔离带，避免竞争者的伤害。

3. 增强讨价还价的能力：产品差异化战略可以为企业带来较高的边际收益，降低企业的总成本，增强企业对供应者的讨价还价能力。同时，由于差异化战略为购买者构筑了退出壁垒，对价格的敏感程度又降低，企业可以运用这一战略削弱购买者的讨价还价能力。当然这个战略并不是要胁迫客户，而是通过为客户创造利润和竞争优势，使之不愿意跳转。

4. 防止替代品的威胁：企业的产品或服务具有特色，能够赢得客户的信任，便可以在与替代品的较量中比同类企业处于更有利的地位。

为有效提高货运产品的市场适应性和竞争力，延长产品生命周期，铁路部门应该以市场需求为导向，根据市场对货运产品时效性、经济性、安全性等因素的不同侧重，针对不同的地区、客户、品类等多样化运输需求，充分发挥铁路运输全天候、规模经济、绿色环保、安全性高等优势，开发多样化的货运产品，满足市场不同层次的运输需求。

(二)满足定制化需求的原则

随着市场经济的发展，运输企业能力将快速增长，供应过剩，这将导致各运输企业在产品品质、功能与价格方面竞争的加剧，进而导致利润率越来越低；另一方面，由于购买者支出预算提高和个性化需求增强，这时供需双方产生了隔阂。当单纯的低价吸引力不足以抵消个性化需求减少所带来的损失时，个性化就成为竞争的新方向。以市场为导向的产品定制化开发被证明是克服产品同质化与需求个性化双重压力的有效战略。

具有大宗稳定货源的客户特点是：运输需求量大，且生产计划性强，非常有利于铁路运输服务。向这样的客户提供定制化服务，即完全根据客户企业的生产计划提供“门到门”一体化服务、全程物流方案，不仅能节省双方的成本和时间，还能提高产品质量，增强产品的市场适应性。

为此类客户提供量身定制的货运产品，一方面，是通过精细化管理，将客户的需求细化落实到具体的运输方案；另一方面，是要实施客户协同策略，把客户也引入铁路货运产品与生产流程的设计过程中。由于客户向上渗透和参与铁路货运生产过程中，路企之间相互信任度增加，通过信息共享和合署办公，实现从硬件设施设备的完全匹配到软件运作过程的无缝衔接，从而大幅度提高供应链效率和客户让渡价值，也能与这些客户之间建立牢固的关系，稳定铁路企业的经营环境。

(三)满足综合效益最大化的原则

铁路是国家的战略性、先导性、关键性重大基础设施，是国民经济大动脉、重大民生工程和综合交通运输体系骨干，铁路运输肩负自身经济效益和社会效益的双重职能，要追求以服务社会经济为基础的综合效益最大化。

一是要把国家利益放在首位，确保关系国计民生的重点物资运输，如电煤、粮食、棉花、救灾、军运等物资和人员的集中抢运任务，保证国民经济平稳运行和人民群众生产生活需要，积极承担公益性运输任务。二是要尽可能使国有资产增值。建立完善发达的路网，向市场提供快速、安全、便捷的货运产品，发挥铁路运输的规模经济优势，提高市场份额和经济收益，实现国有资产保值、增值。与水运相比，铁路运输能够为更多客户提供服务；与公路和航空运输相比，铁路运输具有较低的单位能耗，更加环保。所以提高铁路运输的分担率，不仅关系国家的铁路资产运用效率的问题，还关系国家交通系统的绿色环保问题。

(四)便于铁路竞争优势发挥的原则

1. 铁路运输的技术优势

与其他运输方式相比，铁路运输具有整体优势，主要体现在以下七个方面：

(1)铁路是一种全天候运输方式，较少受天气、季节等自然条件的影响，这本身就给予客户一种安全、稳定的印象特征。

(2)我国铁路已经成网，且覆盖面和密度仅次于公路。网络覆盖面是网络型产业的核心竞争力支撑条件之一。

(3)我国铁路干线均已提速并实现电气化，并且干支线牵引定数统一后，同样的通道可输送的总货物流量极大增加。大运能为能源、原材料等物资运输提供保证。

(4)客货分线逐步实施，既有线可用于货物运输的能力大大增加，提高了铁路响应高附加值货物运输需求的能力。只要货运产品设计符合客户需求、服务质量能够保证，铁路的低变动成本优势便可以在高附加值货物运输市场获得竞争优势。

(5)信息平台为铁路货运物流化“插上翅膀”。无论是“集中受理、优化装车”系统，还是大客户系统，或者铁路客户服务中心信息平台，铁路已经开发和运营了一系列专门的和综合的信息系统，综合起来，可以为定制化服务和及时的信息反馈提供良好条件。

(6)一支高素质的专业队伍。铁路运输与其他运输方式相比，最大的区别是其拥有上下一体、高度复杂的联动体系，以及高度统一指挥的运输生产系统，特别是拥有一支技术精湛、富有责任心的专门运输生产队伍。

(7)铁路运输平均变动成本和能耗均低于航空运输和公路运输，是未来支持国家建设绿色交通系统的重要基础。即铁路承担更多的货运份额，就越能为国家交通运输作出更大的贡献。

由于各种运输方式在运输不同类型与不同运输距离的货物时表现出的竞争能力不一样，就会形成不同的战略竞争群体图。每一个战略竞争群体内的各运输方式才成为真正的竞争对手。所以，即使铁路具有上述技术优势，也要将之转化为市场优势才具有真正的意义。

2. 将铁路货运技术优势转化成市场竞争优势

不同细分市场的客户需求特征不同，可以用需求曲线来表现。需求曲线是阐述顾客在不同价格水平下对某产品的需求总量的点的轨迹。需求曲线具体位置和形状体现了该细分市场的需求特性。同样，供应商的供应曲线也体现了该供应商的技术经济与管理特征。供应曲线与需求曲线相交的地方就是市场均衡点。如果对于同一条需求曲线，有两条以上的供应曲线与之相交，且交点相隔很近，说明存在竞争的供应商。这两个交点距离越近，竞争越激烈。

图 1-3 描述了一个简单的竞争群体示意，需求曲线 D_1、D_2 和 D_3 代表三种典型的需求：D_1 表示对速度(图中横轴是时间 T，T 越大表示速度越慢)要求高，对价格的承受力也高，是典型的快运市场需求。D_3 则对速度要求不很高，但要求价格必须低，是典型的大宗低附加值货物运输需求。D_2 介于二者之间。

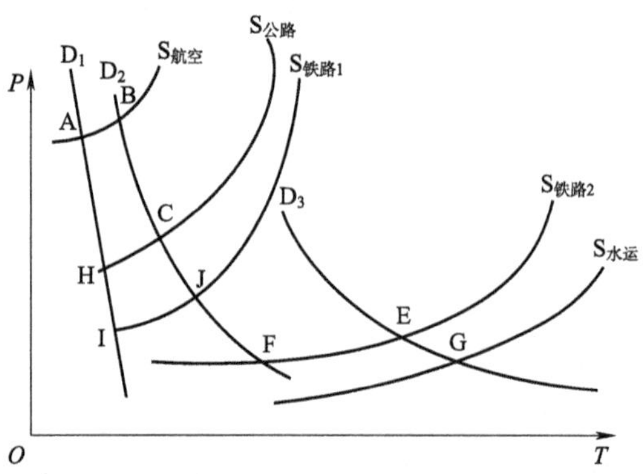

图 1-3　不同需求曲线与各运输方式供给曲线的交点间相对位置

$S_{航空}$、$S_{公路}$、$S_{铁路1}$、$S_{铁路2}$ 和 $S_{水运}$ 分别代表航空、公路、铁路和水运的供应曲线。没有将管道运输纳入进来，是因为管道一旦建成，其运输对象就已经完全隔离于其他运输方式可以竞争的市场。铁路有两条供应曲线，也是源于铁路的特性。如上所述，铁路技术特征使之能够覆盖最广的横向市场面和最深的纵向市场深度。$S_{铁路1}$ 代表铁路可以提供能与公路竞争的快运产品，在快速运输市场上有竞争能力。$S_{铁路2}$ 代表铁路在大宗低价值货物运输市场的竞争能力。

图中任意一条需求曲线上，如果有两条供应曲线与之的交点距离较近，如 E 和 G，H 和 I，C 和 J，表明相应的两种运输方式有竞争，距离越近，竞争越激烈。

铁路在这两个细分市场的核心竞争力主要是：在高附加值货

物运输市场的快速、大规模运输能力，与航空和公路比，有成本和输送规模优势；在大宗低附加值货物运输市场，与水运比有速度和网络覆盖面优势，与公路比有成本和输送规模优势。

以上只是有代表性的典型情形，每种运输方式的竞争力还要靠其所设计的产品体系与质量保证产生客户让渡价值，争取客户的青睐，才能使市场竞争潜力变成实际的竞争力。

为了提高竞争力，铁路企业可以通过产品设计改变自己的供应曲线，也可以通过提供附加服务，改变目标客户的需求曲线，使二者紧密结合，赢得竞争优势。

三、铁路货运产品及结构体系设计

（一）铁路货运产品的实质

实质，是事物、论点或问题的实在内容。铁路货运产品的实质，按照通俗的说法是货物的位移。但是，铁路在不同的起点与终点之间、不同的时段以不同速度输送不同批量的货物，都会构成不同的铁路货运产品。所以影响铁路货运产品实质内容的，或者定义铁路货运产品的变量就包括上述提到的所有变量。铁路企业使用载运工具、站场、铁路线路、能源等使货物在不同时段、从若干起点到达若干目的地，则铁路货运产品可以表示为

$$Y=(y_{ij}^{kt})\in R^{N_1\times N_2\times N_3} \tag{1-1}$$

其中，每个分量 y_{ij}^{kt} 表示从起点 i 到目的地 j（OD 对 i—j 上）在 t 时期内第 k 种类型的流（N_1，N_2，N_3 分别是 Y 中所含的流的类型数、OD 对数和时间段数）。对一个给定的 Y 的流组合，运输企业有一定选择去实现：机车类型、牵引定数、通道选择位置、流量、节点或站场设计位置、能力、径路结构和发车频率等。这些决策一部分涉及选择投入要素的特征，如选择电力机车还是内燃机车，常规

运输技术还是重载运输技术等,这些是投资决策的结果。另一些则与如何去使用这些投入要素相关,即把各种投入要素结合起来以提供流向量的方式,如列车编组、直达运输还是中转运输、车流径路的选择、运行线的铺画等决策,一般称后一种选择为运营决策。

(二)铁路货运产品的表现形式

1. 铁路货运产品表现形式的组成

(1)核心产品:基本的位移效用,安全、准时、迅速、经济。

(2)形式产品:核心产品的外在特征,如车站等基础设施的布局及环境、运营工作组织及运送过程中的服务质量等。

(3)附加产品:附加的利益和服务,售前、售后、信息及其他延伸服务。

2. 货运产品的整体性表现层次(图 1-4)

(1)核心产品:按货主要求实现货物位移。

(2)形式产品:货物能够安全、按约定时间或速度、完好无损地完成位移。

(3)附加产品或延伸产品:向货主提供咨询、仓储、包装、接取送达及所有能给货主带来价值的服务。

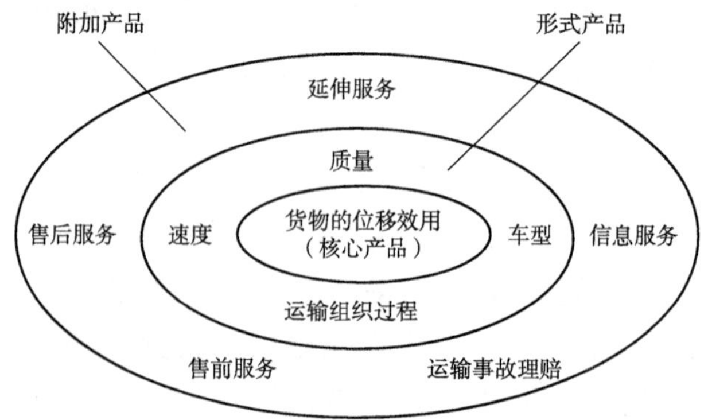

图 1-4　铁路货运产品的表现形式

(三)铁路货运产品的典型谱系

1. 铁路货运产品开发

目前,我国铁路基于货运产品开发原则,已经开发出多种货运产品:

(1)重点产品满足大宗稳定运输需求。煤炭、粮食、石油等大宗物资和非常时期的救灾物资运输需求应当是重点保障的。完成各类重点物资运输任务,对保持铁路货物运输量和货物周转量持续、稳定增长具有重要的意义。重点产品,由于运量大、稳定性和计划性好,完全定制化是主流形式。

(2)品牌产品进行市场渗透。市场渗透是实现市场扩张的战略,既可以利用现有产品开辟新市场,吸引越来越多的客户,也可以向现有市场提供新产品(如延伸产品)来实现。经过历年的发展和完善,铁路形成了一系列具有影响力的品牌产品,如快运货物列车、中欧班列等。我国铁路快运货物列车已经覆盖了主要的城市和港口,基本形成了高附加值快捷运输网络。品牌产品具有较强的竞争力和吸引力,在铁路运输市场的开发中起到了重要的作用,吸引大量货源转移至铁路。这类产品运输对象可以从干散货一直到普通"白货"、集装箱。依靠品牌集聚相对较小规模的需求,构成稳定的货流需求。提高铁路的服务质量承诺水平,并将其与主要竞争对手公路服务进行比较,同时积极落实服务承诺,是吸引客户的关键。

(3)新产品刺激新的运输需求。随着客货分线逐步实现,可用于货运的运能提升和铁路市场营销的发展,新的运输产品,如已经生产的"绿色100""沿海快线",将要开发的小编组快运列车、城际快线,都体现出提高经营效率、提高铁路服务质量的理念。这些新产品的设计和开发以刺激新的运输需求或吸引客户从其他交通方式转移到铁路为重点，主要面向高附加值快捷运输需求。这个细分市场是未来市场需求增长最快、最有发展前途的领域。因此这类运输产品是铁路市场营销战略未来发展的重点。

2. 铁路货运产品谱系特性

我国铁路货运在不同的细分市场已经开发了一些成功的产品，在此基础上，可以更进一步，根据货运产品的不同特性组成不同系列的产品谱，作为进一步完善产品结构体系的基础。产品特性主要从货物品类、组织形式、服务水平、时效性要求和区域性差别方面来刻画。

(1)基于货物品类的产品谱系

货运产品重载化和快捷化是铁路运输发展的两大趋势，与此相应运输需求可分为大宗货物和快捷货物。其中大宗货物包括煤炭、石油、粮食、矿石、建材等，而快捷货物包括集装箱、行包等高附加值货物。针对不同品类货物，只要满足货运量或者货物价值的要求，便可设计该品类货物的班列运输。

(2)基于不同组织形式的产品谱系

铁路经过几十年的发展，设计并组织了不同形式的货运产品。如在直达列车、直通列车、区段列车和摘挂列车等传统铁路货运列车组织形式下，按市场需求设计并组织了快运货物列车、大宗货物直达列车等产品形式。为适应较高运输服务水平的运输需求，积极开发与组织中转班列、网络循环班列及城际班列等产品形式，并不断扩大这些品牌产品的覆盖范围，以提高铁路货物运输的竞争力。

(3)基于不同开行方式的产品谱系

基于不同的需求受理和开行方式，可将运输产品分为即时响应、定时开行和临时增开三种货运产品。其中，即时响应货运产品，货主可随时申请，铁路部门随时审批，配置运力，其费用较高；

定时开行货运产品，是指铁路根据稳定货流开发货运产品线，货主可根据需求提前申请，铁路部门一般应予批准，鼓励货主提前申报，这应是客货分线后货运产品的基本形式之一；临时增开货运产品是满足货主突发运输需求，在编组计划规定去向外，通过临时编组超编组计划的列车完成输送的产品，产品以列或运行线形式出售，该产品费用最高。

(4)基于分层策略的产品谱系

运输产品可分为重点运输产品、品牌运输产品和新产品三种类型。其中重点产品满足国家经济发展和人们生活需要的基本运输需求，主要满足大宗货物运输需求的运输产品等；品牌产品和新产品主要针对高附加值货物的运输需求，用以提高铁路运输的品牌形象和运输收入，包含特快货物班列、快运货物列车等。

(5)基于时效性的产品谱系

高附加值快捷货物运输市场是铁路需重点发展的子市场之一，也是铁路提升其经济效益的重要途径。因此，在客货分线后铁路运能宽松的条件下，应积极基于时效性进行产品的设计与组织。而时效性可从两个方面体现：一是运输速度；二是送达时间。其中，送达时间是最主要的因素，但它需依靠相应的运输速度。

此外，由于不同区域的经济发展水平、运输市场供求状况和市场竞争程度都不尽相同，在不同时期、不同地区，须采取不同产品策略，提出基于区域差别的产品设计方案，以提高营销的针对性和有效性。

根据以上分析，整理全路目前已经投入生产的各种货运产品，见表 1-2，构成了铁路货运产品不完全谱系，但是他们代表了不同细分市场的典型产品。

表 1-2　货物运输产品设计

<table>
<tr><td colspan="2" rowspan="6">基于货物品类</td><td>煤炭直达列车</td></tr>
<tr><td>石油直达列车</td></tr>
<tr><td>自备车列车</td></tr>
<tr><td>超限货物列车</td></tr>
<tr><td>冷藏列车</td></tr>
<tr><td>……</td></tr>
<tr><td colspan="2" rowspan="6">基于不同组织形式</td><td>特快货物班列</td></tr>
<tr><td>快运货物列车</td></tr>
<tr><td>技术直达列车</td></tr>
<tr><td>直通货物列车</td></tr>
<tr><td>重载货物列车</td></tr>
<tr><td>……</td></tr>
<tr><td colspan="2" rowspan="3">基于不同开行方式</td><td>即时响应货物列车</td></tr>
<tr><td>定时开行货物列车</td></tr>
<tr><td>临时增开货物列车</td></tr>
<tr><td rowspan="9">基于分层策略</td><td rowspan="2">重点产品</td><td>大宗直达列车</td></tr>
<tr><td>钟摆式列车</td></tr>
<tr><td rowspan="4">品牌产品</td><td>特快货物班列</td></tr>
<tr><td>快运货物列车</td></tr>
<tr><td>中欧、中亚集装箱班列</td></tr>
<tr><td>……</td></tr>
<tr><td rowspan="3">新产品</td><td>中欧、中亚集装箱班列</td></tr>
<tr><td>铁水联运班列</td></tr>
<tr><td>……</td></tr>
<tr><td rowspan="4">基于时效性</td><td rowspan="4">速度因素</td><td>普快货物班列</td></tr>
<tr><td>快速货物班列</td></tr>
<tr><td>特快货物班列</td></tr>
<tr><td>……</td></tr>
</table>

续上表

基于时效性	送达时间	当日达列车
		次日达列车
		隔日达列车

(四)铁路货运产品的结构体系

根据式(1-1),抽象地定义铁路货运产品需要确定 i,j,t,k,N_1,N_2 和 N_3 七个变量。但实际操作中常常只定义货运产品类,即只需要 OD 对的类型,流的类型参数,即货物的类型基础性物资(简称“黑货”)或高附加值货物与流量大小(整列、整车和零担),这三个变量定义类,货运组织方式与相应的管理政策都按照产品类来区分。

1. 以 O—D 和货物类型的分类

大厂矿港口和物流中心之间的 OD 对:根据铁路运输的规模经济性原理,大型工厂、矿山和港口之间构成货流量较大的 OD 对,而大城市之间的货流量虽然较大,但是与大厂矿之间的货流量的性质(输送货物与批量)有差别,其余的就归入其他项。大厂矿之间基础材料输送量特别大,铁路物流中心(包括集装箱中心站)无论“白货”“黑货”流量都很大。

大城市之间的 OD 对:大城市人口多,消费性物流和工厂零部件、成品物流量比较大。虽然单个客户的批量不大,但是同类需求者多,聚集效应明显。

其他 OD 对:除了上述两类典型以外的 OD 对,特点也位于两者之间。

货物类型分为两大类:第一大类是基础性物资,以煤炭、矿石、石油、粮食、钢铁、木材为主,分整列和整车两个流量等级。第二大类是高附加值货物,除第一类货物以外的制造品,分整车和零担两个批量等级。

2. 以OD对类型和货物类型做二维平面构造的货运产品体系

理想的情况是画一个立体图，因为构成货运产品体系至少有三个维度：与O—D有关的维度，与货物类型、批量有关的维度，这两个维度用来描述市场需求，它们的不同组合就分割出许多细分市场。第三个维度是产品运作方式。为简化关系和便于观察，只把典型的铁路货运产品类型列于相应的细分市场方格里，构成产品库，详见表1-3。随着时间推移，市场变化，还将不断开发出新产品，也有一些产品退出市场。具体表现出来，每个产品的生命周期轨迹是不一样的。

表1-3　铁路货运产品体系

OD对	产品类型				
城市与厂矿之间	一站直达，大宗始发/循环直达	沿线停小汽车班列联运	小编组列车，快速货物班列，联运	普通货运产品	超限、危险品运输产品
大城市间	联运，一站直达，大宗始发/循环直达	城际班列，快速货物班列	城际快线，小编组列车	城际班列，行邮专列（快线）	冷藏班列，超限、危险货运产品
大厂矿港口物流中心间	一站直达，大宗始发/循环直达	快速货物班列，沿海快线，小编组列车	快线班列，海铁快线，沿海快线	集整快线（物流中心之间）	超限、危险货运产品，冷藏品运输产品
OD对货物类型、批量	大宗货物（整列）	中量散货（整车）	“白货”（整车，含集装箱）	“白货”（零担）	其他特种货物、冷藏货物运输

四、铁路货运产品开发

（一）铁路货运产品的开发方案内容

由上述抽象的铁路货运产品的定义转到实际的生产运作，铁路货运产品开发方案内容主要包括产品开行数量、经由、时间、组织形式。

1. 产品开行数量：指铁路所推出的各种货运产品开行线条总数。

2. 产品开行经由：指各种货运列车的开行起讫点和开行路径，包括始发站、到达站及途中运行路线。

3. 产品开行时间：指开行周期及沿途经停车站的时刻。

4. 产品开行的组织形式：指铁路所提供的货运产品在铁路运输企业内部的实现方式，是铁路运输企业内部的组织模式，主要包括以下六种：

(1)一站直达：在装车站(技术站)编组并通过一个及其以上编组站不进行改编作业的列车。

(2)阶梯直达：在同一区段或枢纽的几个站装车组成的直达列车，称为阶梯直达列车，即有多站发或多站到的阶梯直达。

(3)直通列车：在技术站编组并通过一个及其以上区段站不进行改编作业的列车。

(4)沿线停：服务于沿线各车站。

(5)小运转列车：在技术站和邻接区段规定范围内的几个车站间开行的列车称为区段小运转列车，在同一枢纽内各站间开行的列车称为枢纽小运转列车，二者统称为小运转列车。

(6)城际班列：在大中城市之间定期开行的快速货运列车，按照客车的组织模式，有固定时刻表，编组内容对外公布。

5. 编组内容：规定货物列车的车辆构成种类和数量，编组列车的地点和编组列车的方式等。

6. 附加与延伸服务：铁路发到站两端的短途运输、装卸作业等延伸服务；商务服务，如业务办理、业务咨询、报关报检等；售后服务，如在途货物追踪、货损勘查理赔。

(二)铁路货运产品的开发流程设计

新产品的开发工作一般可归纳为八个步骤:①寻求产品构思;②筛选构思;③形成概念产品;④制定初步营销策略;⑤商业分析;⑥产品研制;⑦市场试销;⑧投产上市。铁路货运产品的开发,也要遵循上述流程。铁路部门一般会在前期进行经济调查,全面掌握货物特征与价值、货运需求规模、市场上潜在客户数、运输距离、货物运输条件、货物运输时效性等情况,细分货运市场,针对不同货物品类,结合运力资源情况,进行产品设计,具体设计流程如图 1-5 所示,右边的是产品类,只有确定具体起讫点、径路、时间等要素后,产品设计才算完成。

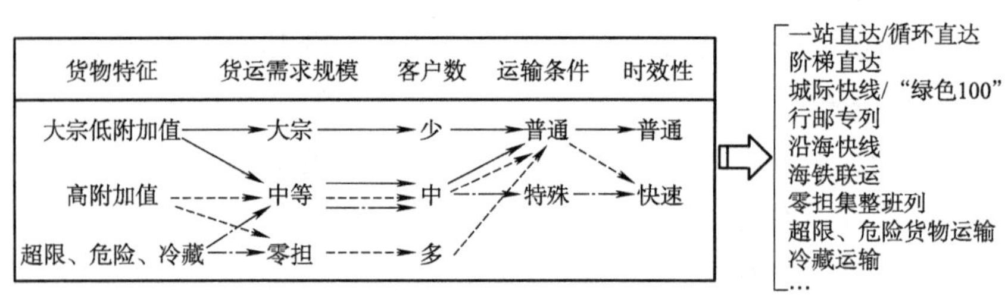

图 1-5 铁路货运产品设计流程

(三)铁路货运产品的组织实现

基于货物品类、不同组织形式、不同开行方式、分层策略及时效性的运输产品设计,从不同侧面阐述了铁路货运产品设计思想,体现了铁路货物运输产品的多样性。尽管上述设计思想存在差异,但都是针对大宗货物和高附加值快捷货物,因而在货运产品组织上主要体现在大宗货物运输产品组织和高附加值快捷货物产品组织。

1. 大宗货物运输产品组织

大宗货物仍将是铁路运输最重要的业务，因此应采取稳定和加强大宗货物运输市场的策略。通过推进装卸场站建设，以及优化编组站布局，以大宗直达的组织形式，开行大宗货物运输产品，如固定货物列车发、到站，固定托运人、收货人，固定车次开行的整列货物列车形式；其次是双向循环直达列车组织形式，如主要针对大宗货物产地与港口地区（港口集疏运地）之间组织对流运输等。

2. 高附加值快捷货物运输产品组织

铁路在高附加值快捷货物运输市场发展缓慢，市场份额较低，目前主要的运输产品形式有特快货物列车、快运货物列车等形式。由于高附加值快捷货物货源受限，上述运输产品组织数量有限。在客货分线运输条件下，高附加值快捷货物运输产品组织应侧重与货源组织的关系。目前，公路物流企业服务网点覆盖范围已相当广泛，能满足不同运输距离、不同运输服务水平的运输需求，铁路在短时间内很难抢占高附加值快捷货物货源。因此，高附加值快捷货物运输产品的组织可分两阶段，以逐步提升铁路的市场份额。

第一阶段：吸流阶段。高附加值快捷货物对运输时效性的要求较高，因此，吸引高附加值快捷货物运输转移至铁路，铁路运输须有两个先决条件：一是组织班列运输产品；二是具有竞争力的运价。即高附加值快捷货物运输产品组织应以班列组织为主。

在吸流阶段，货源将是一个逐步提升的过程。为提升货源，首先应在市场调研的基础上组织班列线。而运输组织方面，在货源受限的情况下可采用灵活编制形式，如前期货源较少可采用小编组形式，而随着货源的增多，逐渐增加编组数量。

第二阶段：组流阶段。这个阶段是随着货源的增加，组织货流形成“点对点运输专线”，树立品牌。在吸流阶段利用较高的服务水平和具有竞争力的运输价格，逐步树立铁路零散货物运输服务形象。而随着货运量的提升，通过优化货流组织，形成“点对点运输专线”，如既有的行邮行包专列。该阶段运输产品组织仍以班列形式为主，并更加注重时效性和运输服务水平，以“点对点运输专线”为基础形成高附加值快捷货物运输服务网络，形成并提升铁路高附加值快捷货物运输产品品牌。

第二章　铁路货物运输绿色产品策略

本章对铁路货运产品的特点，铁路绿色货运产品、生命周期、质量特征、品牌策略进行了详细阐述。产品策略是营销组合中的首要策略，作为运输生产企业的铁路，其主要产品是货物、旅客的位移，这种“位移”作为运输产品在国家绿色发展战略背景下如何满足市场需求，是铁路货运绿色产品策略研究的重要内容。

第一节　产品策略概述

一、产品整体概念

现代市场营销学界关于产品整体概念的认知，主要有营销大师菲利普·科特勒及其他研究者的观点。

(一)菲利普·科特勒产品整体概念理论

1. 三层次结构模型

1976年，菲利普·科特勒在其著作《营销管理》中，提出了产品整体概念的三层模型，包括核心产品、形式产品和附加产品，如图2-1所示。

(1)核心部分。核心产品是消费者购买的基本效用和利益，是满足消费者使用的基本功能，这是从产品的使用价值来分析，是指产品能够提供给购买者的基本效用或利益，即产品的实质。例如，衣服的实质是遮体，米、面的实质是充饥。运输产品的实质是使旅客或货物产生有用的位移。产品如不含有核心部分，消费者也就不会去购买。对于一个企业来说,生产产品首先就要考虑产品的核心部分,明确地确立产品能提供的实际效用与利益。

(2)形式部分。这是产品在市场上出现时的具体外形,它主要表现在五个方面:质量、包装、外观、特色、商标。这五个方面的内容一般是凭感知的(可看到、听到、嗅到、触到),并且是有形的,所以又可称之为产品的有形层次。这与产品的核心部分正好相反,核心部分是抽象的、无形的。由此可见,形式部分是产品的外壳,核心部分只有通过形式部分才能被体现出来,两个层次相辅相成,缺一不可。企业在生产产品时,一定要保证产品的品质即质量,使产品有不同的式样和包装,并创立出企业自己的名牌产品。

(3)附加部分。产品的消费是一个连续的过程,购买者对产品的使用要保持一段时间。为了在这段时间内充分发挥产品的效用,生产企业还要提供与产品使用有关的各种售前、售后服务,这就是产品的附加部分。这一层次一般包括产品的服务、维修、安装、送货及质量保证等。

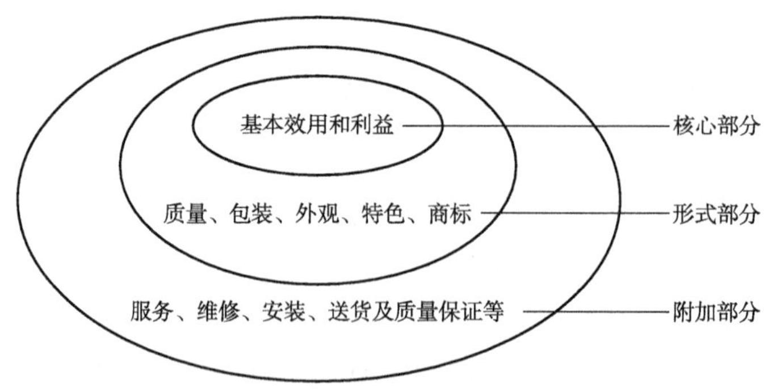

图 2-1　产品整体概念三层次模型

核心产品是产品整体概念的核心,也是消费者购买的使用价值,形式产品处于产品整体概念的中间层,是核心使用价值的外在表现,附加产品处于产品整体概念的第三层。

2. 五层次结构模型

1984 年,菲利普·科特勒在其著作《营销管理(第 12 版)》中提出了产品整体概念的五层次模型,是在三层次模型的基础上,增加了期望产品与潜在产品,如图 2-2 所示。期望产品指客户购买某种产品时期望和赞同的一组产品的属性条件;潜在产品指某一产品在未来可能带来的所有附加与转化。

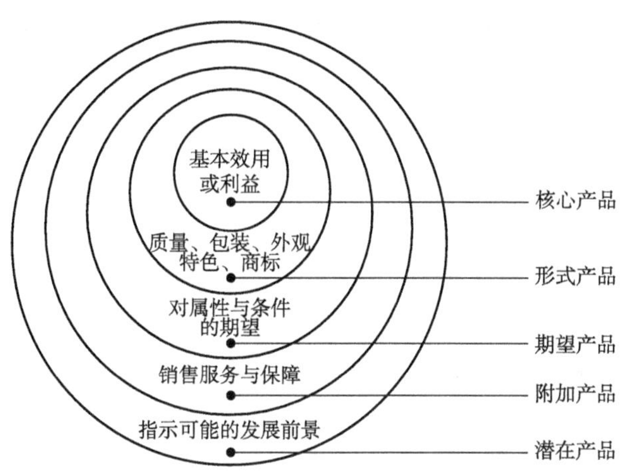

图 2-2　整体产品概念五层次模型

(二)其他学者观点

1. 两层次产品整体概念模型

1988 年,贝内特提出了两层次产品整体概念模型。在整个模型中,除了核心产品之外都是附加产品,包括品牌、送货、包装、维修和信贷等。贝内特认为附加产品是买卖双方感知产品的综合,是消费者真正想购买的,忽略了产品的核心层次。1993 年,马杰罗和佩恩的模型、齐克曼德和阿米科的模型,在提出产品整体概念结构上十分相近,主要的差异在附加产品上,但都属于两层次产品整体结构模型。

2. 四层次产品整体概念模型

1986年,莱维特提出了产品整体概念的四层次结构模型,首先是产品的有形属性即核心产品,其次是第二层期望产品,主要指送货、售后服务、维修、提供便利等,表现为消费者对有形属性产品的期望;然后是第三层次的附加产品与最外层的潜在产品。

从相关产品整体概念的研究理论分析可以看出,虽然研究者在产品层次结构的划分上有所差别,但其核心观点是相同的,即产品已经向其他层次延伸,如品牌、款式、商标与服务等,突破了其有形实体的局限。现代市场营销学的学者普遍采用菲利普·科特勒的三分法。这不仅给企业营销提出了更高的要求,也为整合营销观念在产品整体概念策略中的应用开辟了更广阔的视角,因此,产品实际上包含了三个层次,这三个层次组成了产品的整体概念。清楚地了解产品的三个层次,对于企业开发与生产新产品,实施产品策略具有极其重要的意义。

二、产品的分类

从市场营销的角度出发,可将产品按以下两种方法分类。

(一)按产品是否有形划分

产品按是否有形可分为有形产品和无形产品。

1. 有形产品。产品是可看得见、摸得着、可仓储、可运输的实物产品。例如服装、书籍等均属有形产品。

2. 无形产品。无形产品就是通常所说的劳务,指为赢利目的而出售的一种活动或一种利益,但不存在所有权的转移,运输产品就是一种无形产品。企业在经营无形产品时,更需要加强质量管理,注重经营信誉和服务。

(二)按照产品之间的销售关系划分

按照产品之间的销售关系可分为独立品、互补品、条件品和替代品四种。

1. 独立品,指一种产品销售状况不受其他产品销售变化的影响,不存在任何销售关系,与其他产品互为独立品。

2. 互补品,指两种产品的销售互为补充品,一种产品销售增加必然会引起另一种产品销售增加,反之亦然,如旅游产品与客运产品,旅游的人数增多,客运量一定增加。近几年的五一、十一假期,也是运输高峰期,铁路运输企业必须看到这一点,并且准确把握时机。

3. 条件品,指一种产品的购买以另一种产品的前期购买为条件。在这种情况下,只有已购买某种产品的购买者才会成为另一种产品的潜在购买者。例如,某企业从甲地购买了钢材要运往乙地,就要使用运输工具,这一企业就是运输企业的潜在购买者。

4. 替代品,指两种产品存在相互竞争的销售关系,即一种产品销售量的增加或减少会导致另一种产品的潜在销售量的减少或增加。例如,在全社会客货运输量保持稳定增长的条件下,公路、航空运量所占的份额增加,必将使铁路运量所占的份额减少。

三、铁路货运产品的特点

货物的位移即为铁路货运产品,货运产品具有以下五方面特点。

(一)产品品种特殊

铁路货物运输产品也是一种无形产品品种——货物的位移,产品的单位是“吨公里”。货运产品的生产过程同时也是消费过程,它和客运产品一样,不能调拨和储存。因此,运输企业要有一定的后备设备与能力，以备运量上升时使用。

(二)产品具有流向性

由于各地区生产发展的不均衡，铁路货物运输是按线路的上下行分空车方向和重车方向。同时，由于受线路通过能力和车站作业能力的影响，在重车方向上存在某些限制运输能力的“卡脖子”区段，称之为限制口。

(三)产品实行合同约定

铁路货物运输实行的是合同运输，必须要使用运输合同约定的适当的车辆。例如，日用百货用棚车，粮食用粮食漏斗车，长大笨重货物用长大货物车，液体、气体货物用罐车等，如果车辆不符合要求，货物运输便无法实现。

(四)产品具有差异化

货运产品的销售价格即货物运输费用，与运输方式、货物品类和性质、使用集装箱的类型及发到站间的运输里程等有关，这样就产生了产品的差异化。

(五)产品具有时效性

货物运输的时效性很强，因为季节不同，要求铁路运输的货物种类有很大的不同。例如，播种的季节有大量支农物资运输，而收获的季节又有许多农产品的运输。

四、铁路货运产品的质量特性

铁路货运产品质量特性指的是在运输过程中所具备的重要质量指标，货主比较不同运输部门提供的货运产品的好与差，同样关注一些质量特性指标，在货运产品的质量特性中，服务是贯穿始终的，此外还关注安全、迅速、准确、便利等特性。

(一)安全

货物安全地从发站运至到站,完整地交给收货人,是衡量货运产品质量的一个重要指标。如果忽视货物的安全运输,就有可能造成火灾、被盗、丢失、损坏、变质、污染及其他的一些货运事故,给货主造成损失,也使铁路自身经营受到严重影响。因此,必须加强职工的业务培训,使职工熟悉货运规章,严格按章办事,按操作规程操作。对危险货物、长大货物、鲜活货物、液体货物、易碎货物、易倒货物要采取特殊措施,防止事故的发生。

(二)迅速

在现代经济社会中,“时间就是效益”已深入人心。如果货物运输的速度较慢,不能满足货主的要求,就有可能使铁路失去一部分市场。货主因为运输时间过长影响货物最佳销售时机而不再选择铁路运输的事例屡见不鲜。因此,在运输货物时,一定做到快装、快运、快卸,零担货物还要尽量直达,减少中转次数,压缩中转时间。同时,还应根据货主的需求,开办快运货物运输。

(三)准确

准确指准时和准地。准时即要按时送达,因为货物运输合同中规定有货物的运到期限,逾期运到会给货主带来损失,铁路也要支付违约金。同时,货物运输还必须准地,严防误装卸和误运送,造成货运事故。要做到准确,就要求职工必须有极强的责任心,职工的收入应与工作失误挂钩,以提高货物运输的准确性。

(四)便利

铁路货物运输最大的不足之处就在于不够便利。不熟悉铁路的货主,办理托运手续往往需要一天甚至更长的时间,这样显然无法与公路比较。在目前形势下,货运部门的主要任务应是对托运、承运及交付手续进行改革，实行“一票制”“一口价”，简化运输的办理手续。

五、铁路货运产品的分类

通过铁路运输的货物有成百上千种，货主企业的运量情况、对运能的要求各不相同。同时，货物又必须以适当的车辆来装运，这就要求铁路部门要以不同的形式承运货物。根据承运货物方式的不同及货物运送速度的不同，会产生不同的货运服务种类。

(一)按货物的承运方式分类

按货物的承运方式，可分为随到随运、按计划承运和预约运输三种方式。

1. 随到随运。中小企业托运人托运货物是随机的，到站和所需车辆都是在托运时才提出。对这些企业的货物，车站应和调度部门协商，及时解决配空车辆，做到随时承运。整车、零担、集装箱均可采用这种形式。

2. 按计划承运。大型企业的生产有极强的计划性，运输量大。对这些企业要求其提前提报运输计划。同时，对大宗稳定货源的运输，也应事先提出运输计划，以参照运输能力，均衡安排。

3. 预约运输。对长大货物、鲜活货物的运输，因为需要特定的车辆，要求托运人和铁路提前预约，铁路应及时拨配车辆，批复运输要求。

(二)按货物运输的速度分类

按货物运输的速度，分为一般速度货物运输和快运货物运输。

1. 一般速度货物运输。指在铁路上以经济、有效、安全的方式运输各种货物的一种服务。它通常是以较低、较平稳的速度运输货物，货物的运送距离约每天 250 km 左右。这种运输适合于大多数货物，通常包括大宗货物和集装箱，如煤炭、石油、钢铁、粮食和化肥等。

2. 快运货物运输。货物的送达距离约每天 500 km 左右，对抢险救灾物资、鲜活货物的运输可采用这种方式。

从图 2-1 可以看出，运输产品与一般产品的最大区别在于其核心部分的“位移”是一种劳务，也可以说是铁路运输企业为旅客和货物改变其空间位置所提供的服务。同时，整体产品的二、三两个层次也都和服务密不可分。因此，可以这样说，运输产品的本质是服务。铁路要提高市场的竞争能力，必须依靠优质服务，通过服务推销产品，从服务质量中体现产品质量。铁路企业应大力开展诚心待客、热情服务、服务承诺等活动，深化形象设计，提高旅客或货主的满意度。

六、产品整体质量

(一)整体质量的概念

与产品整体概念的三个层次相对应，产品的质量也包括三个层次：第一层是内在质量，即产品的核心质量，也称为第一质量；第二层是外在质量，即产品的外形质量，也称为第二质量；第三层是服务质量，即产品的服务质量，也称为第三质量，如图 2-3 所示。

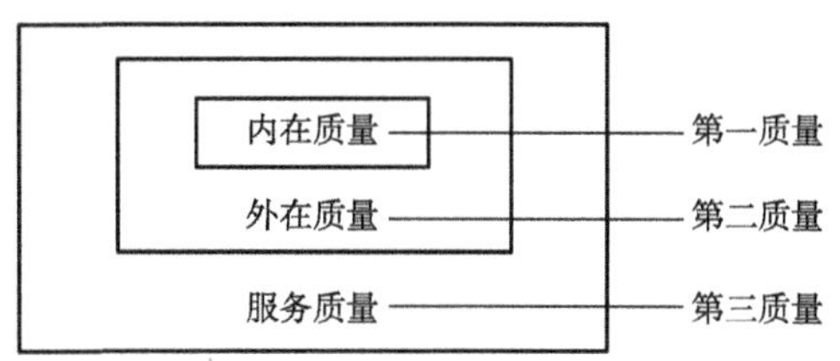

图 2-3　产品整体质量

传统的质量概念指包含产品的性能耐用可靠，产品的美观适用、服务周到等被排斥在外，因此实际上只是产品整体质量中第一层所包含的内容。这就存在很大的局限性，从而给市场营销带来很大的不利。一个内置优良而外形丑陋的产品不会受到消费者的青睐，一个缺少售后服务的耐用消费品更不会得到消费者的满意。在国内市场上，存在着这样的问题：积压商品中有相当一部分是第二、第三质量有问题。如有些产品，由粗包装改为精包装，马上在市场上畅销；某些商品改一改式样就受到欢迎；还有些高档商品，加强售后服务就走俏。

消费者的需求是多种多样的，即使是购买同一种商品，也存在着不同需求：有追求实用价值的，也有追求艺术价值的。按照传统的质量观念生产难以满足这些需求，因而必须树立新的质量观念，即整体质量观念。

树立整体质量观念就是要求企业把产品的三层质量一起抓，不仅要提高第一质量，同时也要提高第二、第三层质量。在一定时期内，提高第一质量总是有限的，而提高第二、第三质量则是无限的。这是因为提高第一质量要较多地受到企业人力、物力和财力的限制，而提高第二、第三质量则限制较小。因此，三层质量一起抓，有利于产品更好地适销对路。

要正确树立整体质量观念，首先必须处理好三层质量之间的关系。在三层质量中，第二、第三层质量总是以一定的第一层质量为前提，从这个意义上讲，没有第一层质量就没有第二、第三层质量。这里强调的“一定的第一质量”，是指消费者可接受的程度。如果第一层质量不好，第二、第三层质量再好也没有用，这样的产品是不会受消费者欢迎的。同时，第一层质量要能为消费者所接受，又需要借助第二、第三层质量的提高。没有第二、第三层质量，第一层质量也难以被消费者承认。因此，企业要在抓好第一质量的同时，抓好第二、第三层质量，二者不可偏颇。

要正确树立整体质量的观念，还必须根据市场情况，合理调整三层质量之间的关系。通常强调以第一层质量为主，但是在第一层质量达到相当要求的情况下，企业把重点放在第二、第三层质量上同样是可行的。

(二)货运产品延伸服务

1. 货运产品的延伸服务内容

货运产品的延伸服务可以向发送前延伸，也可以向到达后延伸，以拓展货运产品的服务领域，如图 2-4 所示。

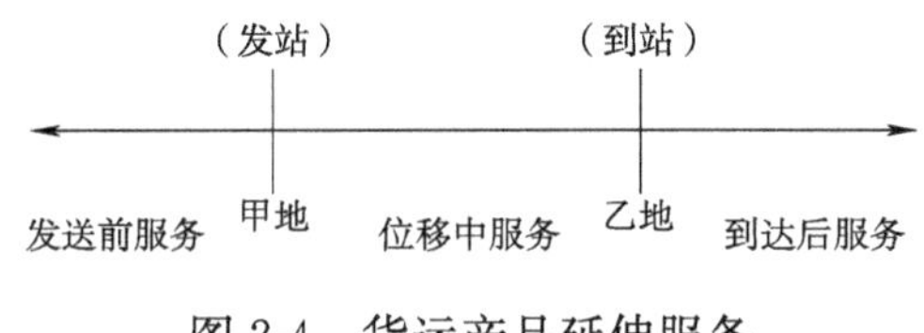

图 2-4　货运产品延伸服务

发送前服务主要有：电话受理、上门服务；为货主提供运输方案咨询和改善货物包装的技术咨询；上门接收货物；代办托运手续等。

到达后服务主要有：货物送达到收货人仓库；为货主提供货物的仓储和保管服务等。

货运产品的延伸服务可以是上述项目中的一个，也可以是几项的组合。根据付出劳务的程度，可以不收费，也可以与货主协商后适量收费。而且，延伸服务的项目没有定型，可能根据车站、货物、货主的情况选择开展。

2. 货运产品的延伸服务形式

(1)开展接取送达业务，实行“门到门”运输

“门到门”运输的最大优点就在于减少货物倒短次数，简化托

运手续，方便托运单位，同时，使得货场畅通。除集装箱可采用“门到门”运输外，整车及零担货物也可采用这种方式。“门到门”运输就离不开短途搬运和货物的接取送达。货运站应组织人员，配备车辆或租用车辆，实现“门到门”运输。

(2)开展货物仓储业务

在运量下降的情况下，多数货运站都存在仓库、货位闲置的情况。车站可利用富裕的仓库设备，对到达货物长期仓储保管，既方便无仓库的货主，也提高了车站仓库的利用率，保管费可由车站和货主协商确定。

(3)电话受理

车站应向社会公布受理电话号码，实行电话受理。这样可以减少托运人的空跑时间，提高受理效率。

(4)运输咨询

在货主提出托运要求前，铁路可向其提供咨询服务，如建议合理的运输方式，计算运输费用，计算运到期限，说明托运程序，以及和其他运输工具做比较等。

除上面所列情况外，铁路还可开展上门服务，集装箱的装掏箱，货运设备机具租赁，货物包装，货物押运，代办各种货运手续或联运手续等多种延伸服务。

七、产品组合

(一)产品组合的概念

产品组合是指一个企业生产经营的各种产品及产品品种、规格的组合或相互搭配。产品组合包括三个因素，即产品组合的广度、深度和关联性。

产品组合的广度又称为产品组合宽度，指企业拥有多少条不同的产品线。产品线越多，说明企业的经营范围越广，反之越窄。

产品组合深度是指企业经营的全部产品线中平均具有的产品项目数，多者为深，少者为浅。

各个产品系列之间，在生产条件、销售渠道、最终用途或其他方面可能存在某种联系，也可能各不相关，这种产品系列之间的联系程度称为关联性。

例如，某运输企业的产品组合为 4 个产品系列，系列 1 和系列 2 各有 3 个产品项目，系列 3 和系列 4 各有 4 个产品项目，共有产品项目 14 个，如图 2-5 所示。

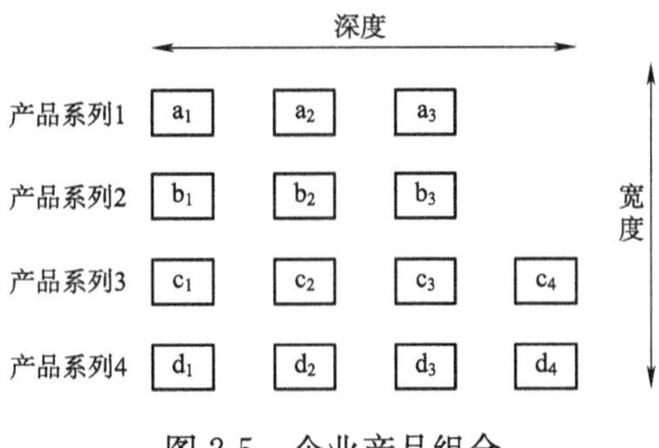

图 2-5　企业产品组合

该企业的产品组合宽度为 4 个，产品组合深度为 14，这一企业的平均深度为 14/4＝3.5 个。更重要的是了解企业产品系列的平均深度，因为平均深度更集中地反映出企业经营的复杂程度。但是，一个企业的产品组合深度越大，则平均深度也越大。宽度和深度越大，如果再加上产品的关联性不强，其经营复杂程度也就越高。

(二)产品组合策略

运输企业生产经营的产品往往不止一种，如何根据市场需求和自身情况对产品进行组合、调整和优化，对企业营销的成功起着决定性作用。一般有以下四种产品组合策略可供企业选择。

1. 扩大产品组合策略

扩大产品组合策略包括两方面内容:一是拓展产品组合的宽度,即增加产品线数目。当企业预测现有的产品线的销售与盈利在未来有可能下降时,就可考虑增加产品线,扩大产品经营范围。二是加强产品组合深度,即在原有的产品线内增加新的产品项目。扩大产品组合策略具有很多优点:首先,可以充分利用企业现有资源,提高投资效益;其次,可以分散经营风险,增强企业竞争能力;第三,可以满足消费者在多样化方面的需求,提高市场占有率。

2. 延伸产品线策略

延伸产品线策略指部分或全部地改变企业原有产品线的市场地位。例如某企业原来在市场上的定位是高档产品,如企业超出其现有产品线范围来增加它的产品线长度,就称为产品线延伸策略。延伸产品线可分为向上延伸、向下延伸和双向延伸三种类型。

(1)向上延伸策略又称为高档产品策略,指原来定位于低档产品市场的企业,现决定在原有产品线内增加高档产品项目,使企业进入高档产品市场。采用这一策略的主要原因是因为高档产品市场具有潜在的高速增长率和较丰厚的利润,或者企业已经具备了进入高档产品市场的条件,可以利用这个机会把自己定位成为完整产品线型的生产商。但是,实施这一策略也有一定的风险,比如消费者可能不会相信企业生产高档产品的能力而拒绝购买新产品。因此,采用这一策略时一定要十分谨慎。

(2)向下延伸产品线策略又称为低档产品策略,指企业将原来定位于高档产品的产品线向下延伸,在高档产品线中增加低档产品项目。采用这一策略的主要原因是为了利用企业名牌产品的声誉来吸引一般收入水平的消费者。实施向下延伸策略的企业也要承担一定的风险，如运用不当，可能会损害原有高档产品的声誉和企业的整体形象，因此也要谨慎运用。

(3)双向延伸策略是指企业原来定位于中档产品市场的产品线向上、下两个方向延伸，既生产高档产品，又生产低档产品。这样，企业可以扩大市场阵地，增加销售和利润。

3. 缩减产品线策略

当产品线中的某些产品获利很少或者没有什么发展前途时，企业可以采用缩减产品线的策略。这样企业可以集中精力改造保留的产品线，减少资源占用，加速资金周转，提高产品竞争能力。采用这一策略时要慎重权衡眼前利益和长远利益，以免给企业造成不应有的损失。

4. 产品线现代化策略

有的企业的产品线长度已经比较合适，但还需要采用新技术、新工艺等来改变产品线面貌，使之现代化，这就是产品线现代化策略。

第二节　铁路绿色货运产品细分

一、危险品运输

(一)铁路危险货物概述

危险货物是指容易引起燃烧、爆炸、腐蚀、中毒或有放射性的物品，在运输、储存过程中容易造成人身伤亡和财产损失，必须采用特殊防护设施与措施的货物。依据《危险化学品目录》(2022 调整版)、《危险货物分类和品名编号》(GB 6944)和《危险货物品名表》(GB 12268)，结合铁路运输实际情况，铁路危险货物可以按照其具有危险性或主要危险性划入 9 类中的一类，有些货物再分成项别，按照顺序对铁路危险货物的类别和项别进行分列。

根据定义可知，铁路危险货物的安全风险来源于货物本身的安全风险，即货物本身具有的爆炸、易燃、毒害、感染、腐蚀、放射性等危险特性，来源于货物在铁路运输、装卸和储存保管过程中的安全风险，也来源于运输、装卸和储存保管过程中的环境和应急处置等衍生环节的安全风险。有些危险货物来源于石油化工产业的原材料、中间产品或最终产品，这些货物品类繁多、规模巨大、性质相异，形态不一。其自身的危险特性与货物在储存、装卸和运输过程中的风险点发生耦合，使得危险源进一步集中，危险性进一步增大，事故时有发生。

以下列举三起危险货物运输、储存过程中发生的大型事故。

(1)2019 年 3 月 21 日 14 时 48 分，江苏省盐城市天嘉宜化工有限公司发生特别重大爆炸事故，事故造成 78 人死亡、76 人重伤，640 人住院治疗，直接经济损失 19.86 亿元。

(2)2015 年 8 月 12 日，天津市滨海新区位于天津港的瑞海公司危险货物发生火灾爆炸事故，事故造成 165 人遇难，798 人受伤，304 幢建筑物、12 428 辆商品汽车、7 533 个集装箱受损。

(3)2010 年 1 月 7 日，中国石油天然气股份有限公司兰州石化分公司合成橡胶厂裂解碳四球罐（R202）泄漏发生爆炸，事故造成企业员工 6 人当场死亡、6 人受伤（其中 1 人重伤），316 罐区 8 个立式储罐、2 个球罐损毁，铁路专用线及其附属设施遭到严重破坏。

由上述列举的典型事故案例可知，危险货物事故发生地主要集中在办理场所和运输途中，铁路危险货物办理场所一般为拥有铁路专用线的石油化工产品物流作业集中地和多种运输方式的衔接地。按照其产业依托可分为基于石油化工产业的办理场所和基于铁路物流产业的办理场所。

铁路危险货物在运输过程中，可能会由于人为原因或者是自然原因等造成一些有害、有毒的危险品发生燃烧、泄漏及爆炸现象，面对这种突然发生的事故，铁路部门在没有任何预知的前提下，因为没有及时地采取应急措施对事故进行控制，很有可能给周边的大气、水及土壤等带来污染，进而会给生态环境造成无法估计的破坏，严重的情况下还会威胁到周边的居民和牲畜的安全。

公路危险货物运输的事故率更高，发生的事故对环境造成的污染程度也更大。典型的较大公路运输危险货物事故有：2011 年 6 月 4 日杭新景高速交通事故，导致了苯酚槽罐车泄漏污染新安江事件；2014 年 6 月 29 日邵怀高速车辆追尾事故，导致油罐车油料泄漏污染农田水塘事件；2018 年 4 月 9 日甘肃省平凉市泾川县境内省道 304 柴油罐车交通事故，导致柴油泄漏污染泾河事件等。

铁路危险货物运输事故引发的环境污染相对于公路，通常具有处置难度大、社会影响大的特点。铁路作为一种快捷的运输方式，在运输过程中，存在的风险系数比较低，因此危险货物在运输过程中，发生事故的风险系数较低，但是为了避免因为多方面因素导致铁路发生危险货物运输事故，而给周边环境带来不可避免的伤害，铁路部门还需要加强对各方面的管理，加强和铁路沿线环境保护部门的协同作业，降低危险货物在铁路运输过程中的危险系数，降低突发事故的发生率。如果在运输过程中突然发生事故，铁路工作人员和环保工作人员要立即采用科学、有效的手段对其进行处理控制，进而将对环境造成的影响降到最低。

（二）铁路危险货物绿色化运输存在的问题

1. 铁路货场和仓库种类比较单一，具有危险货物仓储资质的仓库比较少。

危险货物一般都具有易燃、易爆、易挥发、有毒和腐蚀性等特性。9类危险货物分类中,根据不同的危险等级和诱因,对仓库要求通风、阴凉、可控温度,远离火种、热源、易燃易爆品;避免太阳直射;使用合理容器。这些因素对仓储物流技术有更严格的要求、设备专业化程度高、货物的包装要求严格,安全性要求比较高。而铁路货场和仓库的仓储属性比较单一,只能存放普通类货物,具有正规资质的危险货物仓库相对较少,且有些具有危险货物资质的仓库没有对各类危险货物的储存进行细分。这就增加了危险货物在存储过程中的各种安全隐患。

2. 现场操作人员素质参差不齐,对危险货物认知不够。

我国的危险货物运输和仓储行业发展时间较短,高素质专业型人才储备不足,尤其是从事专业危险货物物流运输、掌握危险货物运输相关信息技术,同时又对危险货物非常了解且能细致划分的人才依然缺乏。根据不同的危险货物的分类和属性,对其包装、堆存、运输等均有不同的技术要求,并且在装卸、运输过程中会受到天气和环境等诸多因素的影响。这就需要危险货物在仓储、运输作业过程中,对于货物的包装材料、存储条件、运输车辆、堆放方式、消防与防爆、防震、放静电等技术均有较高的要求。目前专业从事铁路危险货物运输的工作人员的专业水平参差不齐,货物装卸过程中随意堆放,对于一些危险货物包装的英文标记不能准确辨识,造成装卸过程中包装破坏、包装物泄漏等失误,且没有及时有效的应对,采取相应的补救措施。例如:一些很普通的生活日用品如摩丝、发胶等在装卸搬运过程中由于外界压力极易产生爆炸,装卸搬运工随意乱丢烟头等行为也非常容易引起易自燃物品的燃烧。

3. 消防救援设施不健全,安全应急能力较低。

铁路危险货物仓库一般具有面积和空间跨度大等特点,容易加剧火灾的蔓延和发展,而且仓库建筑层耐火性质较差且排烟困难。再加上大量货物堆积，一旦发生爆炸、火灾的情况，会出现浓烟、高温、低能见度的高危状态，不利于现场人员疏散逃离和救援工作的开展。同时，一些仓库消防设施不齐全，人员集中，货物堆放不合理、火灾荷载大，消防安全管理部门职责划分不明确，日常消防安全监督巡视工作不到位，从业人员消防安全意识淡薄，缺乏基本的消防安全认识，甚至把消防建设投入作为一种企业负担。其中大部分现场作业人员的安全应急能力较低，没有经过专业的危险货物操作培训和应急演练，发生危险时，不能正确迅速地开展应急处置。

4. 危险货物审核手续繁杂，运输时效较长。

危险货物的运输往往需要向铁路相关部门提供非常详细的产品资料及运输许可证明，并且属于铁路货运部门查验的必要货物种类。核查危险物品的危险等级、生产许可证，成分、用途，货物及单据是否显示危险物品标签，装卸存放要求提示，是否符合中国法律法规等，且不得虚假、不得隐瞒。这就使得危险物品的运输时效长。收货人提货时间不确定，不能提前做好相应的收货和入库准备。其中具有腐蚀性、自燃性、易燃性、毒害性和爆炸性等危险的物品，在经过多次运输、反复装卸和长时间储存保管的过程中容易增加这些危险物品的自燃或者爆炸风险，情况严重会造成一些人身伤亡、财产损失和环境污染。

5. 运输危险货物的车列定期检查和维修保养不到位，检查及维修保养设备配置不足。

由于铁路危险货物运输频率相对较低，对运输危险货物的车列定期检查和维修保养会出现懈怠情况，而铁路货物运输是一个极其严谨的工作，不能出现一丝一毫的差错。如果因为危险货物的运输频率较低而出现懈怠，没有对车列的某一个配件进行检查而导致整车的危险货物出现意外，将会导致货运列车出现侧翻、环境遭到污染、人员的财产和生命受到威胁等后果。同时，部分铁路线路因为周边环境所限，货物运输的超限限界距离不达标，使得危险货物运输存在一定的环境风险隐患。

6. 铁路危险货物运输相关安全管理法律和规则落实不到位。

铁路作为承运人从发站的危险货物托运、受理、承运、装车，到途中的检查、货物交接、调车作业、编组隔离，最后至到站的卸车、交付等，已经制定了完善的作业质量标准，如爆炸品、硝酸铵、剧毒品、气体类危险货物运输作业实行签认制度。应按规定程序和作业标准进行作业并签认。要对作业过程内容的完整性、真实性负责，严禁漏签、代签和补签。实行这几类危险货物运输签认制度，不论是发送作业、途中作业还是到达作业，每完成某一作业环节，需对照铁路危险货物签认单上对应环节的作业要求进行签认，以保证作业环节的正确操作。但在实际工作中，存在货运作业人员未确认作业要求、盲目签认的现象，这会导致危险货物运输事故发生概率增大。铁路危险货物的装卸车作业大多在专用线、专用铁路上进行。专用线、专用铁路产权单位、共用单位应与货运中心签订专用线运输协议和危险货物运输安全协议。在专用铁路、专用线装卸车作业时，托运人必须遵守《铁路危险货物运输管理规则》相关规定。在铁路危险货物运输过程中，任何一个小小的安全管理细节疏忽都是危险的，在危险货物运输中，要全程对危险货物进行安全监控。

7. 环境污染防治设施建设仍需完善。

个别环境风险较高的路段（如邻水路段、人口密集路段）存在防撞、导流、警示标志标牌、事故应急池等环境风险防范设施缺失或不完善问题，环境污染防治基础设施建设有待加强。

8. 危险货物的运输包装需要进一步优化。

铁路危险货物在运输过程中，存在运输过程环境温差大、振动频率高和货物包装压强大等问题。危险货物的理化性质千差万别，现有的危险货物包装已无法完全满足运输环境日益多变的需求，危险货物的衬垫物、包装强度、包装的密封性、包装的结构和规格等都会影响危险货物的运输安全。为了规范铁路危险货物运输包装的设计、使用和检测，方便生产企业、运输企业、检测机构和作业人员操作使用，提高作业效率、确保运输安全，应该根据铁路危险货物的运输和装卸方式合理设计和选取包装的规格、结构。

9. 危险货物运输车种比例结构比较固定。

国外危险货物运输的成功经验表明，针对不同危险货物的运输特性，采用特种专用集装箱运输是保证运输安全、提高运输效率的重要途径，可实现危险货物的安全、快速、清洁和高效的运输。随着我国危险货物承载容器的大型化和专用化需求的提高，危险货物运输车种相对较为固定的比例结构已无法适应危险货物的运输需求。

（三）铁路危险货物绿色化运输策略

1. 加快正规危险货物铁路货场及仓库的建立。

铁路货运部门必须建立正规的危险货物装卸货场及存放仓库，仓库位置应与普通货物存放仓库分开且相对远离人员密集地区。同时，建立的仓库应该配套完善的消防基础设施。任命具有危险货物操作资质或者安全工程从业人员进行管理，不定期对仓库进行检查，如有危险货物存放，必须按其危险等级和其存储要求，采用 ABC 法进行存储和保管，并及时通知收货人提货。铁路货运部门在危险货物运输的过程中，必须经过铁路相关部门严格审核之后，才能进行危险货物运输。运用信息化手段监管，如 GPS 定位等，做到“联网监管、精准监管、专业监管、协同监管”。同时，货物列车驾驶人员、现场作业人员及企业其他人员应该做到相互监督，并制定相应的奖惩措施。

2. 加强危险货物从业人员的培训与考核，提高其操作技能。

铁路危险货物从业人员要不定期地参加危险货物操作培训。保证现场操作人员能自主识别9大类危险物品的种类性质，识别危险货物包装的特殊符号及英文标识。现场作业过程中，根据危险货物类别、包装标识，合理地采取相应的装卸、搬运措施，并具备相应安全事故应急处理能力。采取定期考核的方式对从业人员的危险货物操作技能进行考察，针对考察情况给予必要的奖励和惩罚。加大激励相关从业人员考取危险货物操作资格证书或者安全工程证书的力度。同时，对于危险货物列车驾驶人员进行专业培训，保证驾驶人员能够熟悉危险货物运输过程中的驾驶准则，也要保证其能对于运输过程中的突发情况进行处理，能够避免危险货物在运输过程中因各种原因引起的安全事故。利用“安全生产月”、法制宣传日等活动节点，组织开展安全生产主题宣讲、典型案例警示教育、安全知识竞赛和应急演练等活动，促进从业人员牢固树立运输企业安全发展、守法经营理念，提高驾驶人员的安全驾驶意识和应急处置能力。

3. 完善消防设施建设，提高安全应急能力。

在危险货物仓库的前期设计规划方面应该做到两点：第一，在前期设计和建设时，要提前规划、合理布局好仓库的消防等级，配套的消防设施、消防安全通道等；第二，要充分发挥铁路货运部门的主导作用，做到把消防安全工作纳入日常监管监督中。在责任落实方面，一方面要建立健全消防安全责任制度，另一方面要加强防火用电宣传和巡防工作，并将其纳入管理人员工作职责考核之中。铁路货物运输部门要不断督促危险货物从业人员学习相关的消防法律法规，组织相关从业人员定期参加各种消防安全培训，增强消防安全意识，保证相关从业人员具备必要的自我防护和自救能力。同时，铁路货运相关部门开展日常安全演练，可以针对托运危险货物品类进行应急演练，掌握应急处理模式，在遇到粗苯泄漏、火灾这类安全事故时，能够迅速采取应急措施，降低伤亡和损失。应急能力演练可帮助货运作业人员正确处理各类事故，有效降低损失。因此，铁路货运相关部门在日常安全管理中应提前制定各类危险货物的安全应急预案。在危险货物运输过程中，出现火灾、爆炸、泄漏或中毒等意外事故后，货运作业人员可迅速开展应急处置。首先迅速向车站报告，寻求应急救援机构的帮助。报告时，关键信息一定要清晰，如事故发生的时间、地点、危险货物品名等；然后做好安全自救工作，即在自我保护的基础上，根据安全演练内容，采用科学合理的处理方式以减少人员伤亡，降低财产损失。

4. 简化危险货物运输流程，提高运输效率。

对于有危险货物运输需求的供应商和采购商及相应的货运代理服务人员要熟知国内相关规定和标准，铁路危险货物的品名、化学属性、危险等级和数量等完整信息应该清晰明确地体现在报关单据中，以便铁路货运部门及时审核并办理运输相关单据，方便其对危险货物的核对和查验，不得出现漏报、瞒报的情况，进而提高运输效率，保证危险货物及时转运，减少危险货物在货场的搬卸次数和在仓库中的储存时间，降低一部分潜在的安全隐患。

5. 对运输危险货物的车列实行严格的定期检查和维修保养，保证运输危险货物车列的检查及维修设备的足量配置。

严格制定危险货物运输车列的定期检查及维修计划，加强列车检修人员的防范意识，必要时可以对列车检修人员实行奖惩制度，以确保每一列运输危险货物的列车都能够得到及时地检查和维修养护。同时，加大危险货物车列检查及维修设备的投资力度，配置足量的危险货物车列的检查及维修设备，实现车列的检查和维修设备至少存在一套冗余，防止某一个设备出现问题时，整套车列和维修设备出现瘫痪的问题。同时对全路运输危险的线路进行排查和养护，使危险货物在运输过程中存在的环境风险隐患达到最小。

6. 完善铁路危险货物运输制度和技术标准。

危险货物的铁路运输安全问题是不断发展变化的，因为新型危险货物不断出现，对于安全运输的要求也在持续变化，而安全运输法律条例的更新滞后于现实情况，因此需要根据实际情况，及时完善危险货物铁路运输安全管理制度和技术标准。国铁集团负责开发安全运输管理新技术，持续完善安全运输技术标准。尤其是某些已被证明有效的安全运输新技术，要尽快形成新的技术标准，在全路范围内进行推广、使用。

7. 完善铁路环境风险防范基础设施建设。

新建铁路项目在规划、设计阶段，要尽可能避绕水源地保护区、自然保护区等重要生态敏感区域(一级水源地保护区、自然保护区核心区等法规禁止穿越的区域，坚决不得穿越)。确因条件限制必须穿越的，必须严格履行各项环保审批程序，在设计和施工阶段严格落实环保要求，配套建设事故环境风险防范设施(导流渠、事故应急池、护栏、标志标牌等)。不断完善既有铁路的环境风险防范措施。对已运营的铁路开展环境风险隐患排查，一方面，重点对环境风险等级高的临水路段、人口密集路段的交通安全、防排水、污染物收集隔离等设施的适用性进行排查，及时完善环境风险防范设施；另一方面，通过增设警示提醒标志、紧急刹车带，改建急弯陡坡路段等措施整治事故多发路段隐患，改善车辆通行条件，从而降低铁路交通事故引发的环境风险。加强危险货物运输列车在铁路货场的装卸管理。在装卸区面积较大、装卸设备齐备的铁路货场开辟危险货物专用装卸区域，并严格实行登记制度；对装卸区面积较小具备一定功能装卸设备的铁路货场设置危险货物列车限停标识牌，只提供短暂的停放服务，不提供装卸服务。

8. 进一步优化危险货物运输包装。

为适应危险货物逐渐增加的品类和铁路危险货物运输环境日益多变的需求，危险货物的衬垫物、包装强度、包装的密封性、包装的结构和规格等都会影响危险货物的运输安全，应该对现有危险货物运输的包装进行优化，主要的优化内容包括以下十点。

(1)包装材料材质、规格、结构

危险货物理化性质千差万别，不同货物对包装的要求不尽相同。因此，应该对包装的材质、规格、结构进行优化，保证包装与货物理化性质相适应。运输过程包括装卸、储存、人身防护、应急处置等环节，其中装卸作业是铁路危险货物运输过程中的重要环节，装卸作业方式（人力装卸或机械装卸）的选择和货物单件质量有直接关系，应根据装卸方式合理设计和选取包装的规格和结构。同时，危险货物的包装材料材质、规格和结构也应该和所装货物的重量相适应。

(2)衬垫物

由于危险货物的特殊性，运输过程中一旦发生洒漏（撒漏）会对环境和载运工具造成严重污染，甚至发生火灾、爆炸、中毒、感染等危险，给人身、财产和环境带来危害。针对危险性较大或有特殊要求的货物，通常在包装内增加衬垫，以达到吸附洒漏（撒漏）货物或固定内装物移动的作用。运输包装中衬垫物应该选用能防止内装物移动并起到减振及吸附作用，同时不应该选用与所装货物发生危险反应而降低安全性的材料。

(3)包装强度

铁路运输环节及工况比较复杂，在运输过程中存在着冲击、振动、挤压等可能损坏包装的外部力量,包装强度需通过包装性能试验验证,强度不应该低于拟装货物危险性要求的相应等级。在运输前,运输企业需要取得具备资质的机构出具的包装产品合格检测报告,才能开始货物运输。同时,危险货物包装还应该便于装卸和搬运。货物包装应该保持坚固完好,确保其在运输过程中能抵御运输储存和装卸过程中正常的冲击、振动和挤压,起到保护货物的作用。装卸、搬运作业效率直接影响着运输效率,铁路危险货物运输的装卸搬运作业量大,劳动强度高,工作环境复杂。包装尺寸、重量和形状需要与装卸搬运方式相匹配,从而达到缩短作业时间,提高货物周转效率,避免人员伤害和减少经济损失的目的。

(4)包装密封性

液态危险货物具有一定挥发性,沸点越低的货物挥发性越强。挥发后的蒸气具有毒性、易燃易爆性或腐蚀性等危险特性,蒸气一旦从包装中逸出,可能发生人员中毒、火灾爆炸或腐蚀设备等危险事故。因此,液态货物包装除保障货物不洒漏(渗漏)外,还应保障货物产生的挥发性气体不外溢,这就要求包装采用气密封口。在运输过程中由于温度升高、振动等一系列作用,液态货物挥发速度加快,包装内压力会随之增加,因此包装还需要具有一定承压能力,即液态货物包装在满足气密封口的同时,还需满足包装的液压性能试验要求。部分危险货物具有特殊危险性,在货物包装方面,应该根据需求设计通气孔装置。通气孔的设计应能防止货物在运输过程中从通气孔流出的危险,同时能够防止杂质和水分的进入,以保障货物安全、避免受污染和不良反应的发生。液体货物以外其他货物的包装封口需做到严密不漏。

(5)包装结构和规格

铁路危险货物运输中的每种危险货物都有自身特有的状态和理化性质,运输包装应能和货物自身特性相适应。在保障安全的前提下，应该最大程度地提高包装容积利用率，降低运输成本，提高运输效率。同时，包装的结构和规格应该便于机械装卸和集装化运输。人力装卸不仅作业效率低，劳动强度高，同时还危害着作业人员的身体健康。集装化运输是危险货物运输的发展趋势，能够减轻装卸作业强度，提高作业效率，加速车辆和货物周转速度。集装化运输的基础是作业机械化，装卸作业作为运输重要环节之一，直接影响着集装化运输的发展，因此，包装在规格和结构上应该更能适应机械装卸作业。

(6)包装表面清洁度

装卸作业人员在装卸、搬运作业过程中会直接接触包装外表面，当包装外表面残留或附着有内装货物时，会给作业人员带来危害，还会污染环境和载运工具，甚至会引发火灾、爆炸等危险事件。因此，需要对危险货物的包装表面清洁度进行要求，选用一些不易残留和附着危险物品的材料制成包装。

(7)包装标记

《铁路危险货物品名表》(TB/T 30006—2022)列出的铁路危险货物，每种货物的理化性质都不完全相同，对应的包装方法、应急处置、编组隔离都有所区别。要求包装外表面标注货物品名、包装件重量，一是防止货物错装，二是方便现场作业人员第一时间了解货物基本信息，正确做好人身防护和应急准备，确保货物运输安全。因此，在危险货物包装的外表面应该标注出货物品名、货物危害性、包装件重量和装卸注意事项等信息。

(8)钢桶和钢塑复合桶

冲击、振动伴随着整个运输过程，在外力的作用下，钢桶很容易和车厢发生相对运动，摩擦产生火花，在摩擦过程中包装受损会发生洒漏或渗漏。为了预防火灾、爆炸、中毒事故的发生，在装运易燃液体和液体毒性物质时，包装钢桶应该具有预防摩擦的功能。

对于具有腐蚀性的货物，在装卸作业和运输过程中，为了尽量避免危及人身安全和腐蚀、污染载运工具事故发生，需要在灌装腐蚀性货物的桶内壁涂上防护层。钢塑复合桶一般用于盛装液体货物，重力、内部压力和振动伴随着液体货物整个运输过程，底部开口的钢塑复合桶更容易发生泄漏或渗漏现象。这种情况一旦发生，可能带来极大危害。为了保证货物运输安全，要求钢塑复合桶桶底不设开口。

(9)玻璃瓶

远距离铁路运输，温差变化会较大。极端情况下，环境温度从−40℃到40℃，温差达80℃。包装在车厢内多层叠放，温差远大于80℃。这就对玻璃瓶综合要求较高：一是应有较强的热稳定性；二是应有良好的化学稳定性，与危险货物的理化性质相适应，否则会影响玻璃瓶强度，容易导致货物泄漏；三是能适应一定内应力，玻璃瓶内应力值大小决定着玻璃瓶质量，内应力不达标，会直接导致玻璃瓶机械强度和热稳定性等降低，增加玻璃瓶在运输及存放等过程中的破损几率；四是具有一定内压力要求，内压力也就是玻璃瓶可以承受的压力，易挥发液体在运输过程中由于温度升高、振动等的影响，挥发速度会有所加快，玻璃瓶的内压力应能满足运输需求。所以，需要对玻璃瓶的热稳定性、化学稳定性、内压力、内应力等技术性能做出优化。

(10)塑料包装

回收塑料来源复杂，通常含有一种或多种有毒、有害成分，这些成分相互之间或这些成分与货物之间可能发生化学反应，产生或释放出有毒物质或可燃气体，影响人身安全，污染环境，削弱包装强度，甚至导致火灾、爆炸或中毒事件。塑料桶(胆、罐)在自然环境和外力作用下，会发生老化，性能逐渐变化，如强度降低、变硬、变软、断裂、丧失力学强度，甚至丧失包装功能。在低温环境下,塑料桶(胆、罐)的高分子材料内部分子链活动能力下降,在外力作用下变形性下降,抵抗冲击的能力减弱。在低温环境中装卸或运输,由于外界冲击作用影响,塑料桶(胆、罐)会发生破损,轻则造成货物撒漏,重则带来人员伤害或引起化学事故。在装卸、搬运或运输途中,塑料桶(胆、罐)与车厢底部发生接触摩擦时,在其外表面会聚集静电荷。当静电荷积累到一定程度时,可能产生放电现象。当电量足够大时,会危及人身、危害车辆或环境。作为危险货物包装,塑料桶(胆、罐)必须具有符合相关规定的防老化、防冻、防摩擦等性能,才能保障货物在储存、运输过程中的安全性。

9. 优化危险货物运输车种比例结构。

按照铁路危险货物的承运载体可分为罐装货物、非罐装货物和集装箱(罐)货物三种,其中铁路罐装危险货物是指使用铁路罐车作为承运载体运输的危险货物,主要涉及部分气体类和液体类危险货物。在全国每年超过 3 亿 t 的铁路危险货物运输中,铁路罐装危险货物占总运量的 85%左右,每天约有 8 000 辆铁路危险货物罐车在输送货物。由于我国危险货物承载容器不断向着的大型化和专业化发展,罐车将会在铁路危险货物运输中占越来越大的比重。

铁路罐车相对于其他车种具有的优点包括:第一,罐车在运输和装卸时更为方便,能节省大量的人力;第二,罐车不仅是一种运输工具,还是一种包装容器,运输的货物不需要另外包装,可以减少包装材料的使用,节省包装费用;第三,罐车的运输能力大,对于一些运量较大的企业,采用罐车运输在成本和运输能力上都有明显的优越性;第四,罐车的罐体较一般的运输包装更为牢固和严密,在运输过程中出现撒漏和破裂等事故的几率相对较小,货物运输具有较高的安全保障。

铁路罐车分为非压力罐车和压力罐车两类,其中非压力罐车包括轻油类罐车、黏油类罐车、酸类罐车、碱类罐车和化工类罐车(包括黄磷罐车、醇类罐车、苯类罐车、对二甲苯罐车、冰醋酸罐车);压力罐车主要包括液化石油气罐车、液氮罐车、低压气体类危险货物罐车。

罐车未来的发展方向主要有:①大型化发展,通过提高罐车的容量,达到提高危险货物运输效率的目的;②罐车结构革新,采用新型的锥形斜底罐体结构和无中梁牵引结构代替传统的罐车结构;③通过提高人孔装置的可靠性、提高加温管进气及下排油管接头的可靠性、提高保温旋塞阀的可靠性等方式来提高罐车的装卸效率;④采用新材料及应用技术来制造新型罐车,主要的新材料有高强度耐候钢(耐大气腐蚀钢,是介于普通钢和不锈钢之间的低合金钢系列)、不锈钢、非金属材料、复合材料。

相对于罐装危险货物采用的铁路专用线装车,并采用特种罐车、鹤管、栈桥等专业设备,非罐装危险货物的运输条件相对粗放。通常采用铁路棚车进行成件包装运输。而非罐装危险货物品类繁多,包装多样,性质各异,管理要求多且存在潜在危险,在运输过程中一旦发生事故,不仅会造成重大经济损失,而且会带来严重的社会影响,同时给环境带来很大的污染。

同时,非罐装危险货物作业环境多样、业务性质复杂、不确定因素多、作业流程各环节间耦合性强等特点。对危险货物在受理、装车、编组隔离、押运管理、装卸作业、安全防护、应急处置等方面都有更高的要求。因此需要对运输非罐装危险货物的棚车及其相应设备进行技术方面的更新。

二、集装化运输

(一)铁路集装化运输概述

集装化运输,就是以最有效地实现货运作业为目的,把若干物品或者零散的货物科学地组合在一起，形成一个个标准的集装单元。这些集装单元的尺寸、重量、属性等都实现了标准化，从而便于货物的装卸、存放、搬运及机械操作的普及。货物以集装单元的形式流通于各个环节，将可以显著提升货运的效率，最终为运输企业和用户都带来可观的经济效益。集装化运输通过使用托盘、集装笼、集装袋设备，将一定数量的货物（同一的或不同的）汇集成一个扩大的作业单元，具有充分利用车辆载重力，加速车辆周转、保证货物运输质量，提高货物运输效率，实现多式联运和“门到门”运输等一系列优点，是实现铁路货物运输绿色化的重要途径。

用于集装货物的工具称为集装化器具，它必须具备两个条件：一是能使货物集装成一个完整、统一的重量或体积单元；二是具有便于机械装卸搬运的结构，如托盘有叉孔，集装箱有角件吊孔等，这是它与普通货箱和容器的主要区别。

（二）铁路集装化运输存在的问题

1. 占用一定运输资源，影响运输能力

虽然集装化运输模式使得运输破损率下降并且提升中转效率，但集装化运输会对运载工具的运输能力有一定程度的占用。这是因为无论何种的集装化器具，其本身都具有一定的重量和体积。当货物被组装成集装化单元后，所运输的货物和集装化器具一起被装载到运输工具上。这就使得原本用于装载货物的部分运输能力被集装化器具所占用。

2. 运输成本增加

从运输成本方面分析，虽然集装化运输模式提升了货物的装卸效率，有效降低了人工成本，但是在总体运输成本上却有所增加。铁路集装化运输过程中需要大量的集装化工具，需要对其进行购买、维护与回送等，同时货物的集装与拆解均需要一定的费用，且在运输过程中涉及诸多车型不同的货车、卡车等，车型内外部尺寸的不一致，与集装化工具的匹配方面仍存在一些问题，易导致降低车辆装载率；为体现出集装化运输模式下中转效率高的优势，在枢纽节点还必须同步配套叉车、传送带等装卸设备。因此，虽然集装化运输模式减少了人力成本，但在总体运输成本却有一定程度的增加。

3. 集装用具缺乏统一标准

目前，铁路使用的集装用具种类较多，主要有托盘、集装笼、集装架、集装桶、集装袋等，且结构、规格多样，通用性不强，适用货物范围小。由于缺乏全路统一标准，加之各区域间货源、货流结构不同，集装用具只能在较小范围内流转使用，甚至仅限于企业内部使用，无法形成全路范围内循环。因而，加大了集装化用具管理难度，造成集装化用具空车回送困难，阻碍了集装化业务的进一步发展。

4. 集装化程度低

集装化运输适用范围较广，除煤焦类、部分矿石类等大宗货物外，其余货物均可采用集装化运输。但在实际运输中，集装化货物所占比例很小。且由于到达货物集装化程度低，货物到站后无法采用机械工具进行卸车作业，造成人工作业劳动强度大、卸车消耗时间长，特别是散装板材、混装货物等品类单车作业耗时长，增大了铁路局集团公司卸车难度，严重影响卸车效率，造成货车周转不畅。

5. 服务模式不易协调

集装化运输需要一定的条件，即铁路和客户的配合与合作，唯有两者进行深入的配合与合作，才能根据货物的需求，进行包装、制定运输方案等，虽然目前铁路运输的业务延伸到“门到门”服务，但负责终端配送的社会物流企业仍存在小、散、乱现象，在货物运输过程中，存在多个操作主体，其装卸与搬运的条件均不一样，出于自身利益的考量，货物的集装化与物流的全程化在短时间内难以形成一致。另外，由于各个站点品名特性、发送量及站点设备情况的不同，这就要求开展集装化运输模式更要灵活化。

（三）铁路集装化绿色运输技术

铁路集装化运输中包装材料的使用会消耗大量的自然资源，为环境保护带来一定的压力。因此，应加大铁路货运过程中包装物的再利用程度，加强废弃包装物的回收、重复利用，减少过剩包装，开发和推广新型包装方式，推广通用包装，通过生物降解、分解技术推行绿色包装，节约资源，实现绿色货运。铁路货运中可采用新型环保包装技术实现铁路货运全流程的绿色化。目前采用的环保包装技术主要有滑托盘、集装笼、集装袋等，可以将绿色货运理念贯穿散装货物集装化运输全流程。

1. 滑托盘

托盘是用于集装、堆放、搬运的作为单元负荷的货物和制品的水平平台装置。通俗地说，托盘是用于货物装卸、运输、保管和配送时使用的由可以承载若干数量物品的负荷面和叉车插口构成的装卸用垫板。托盘是货物流通过程中广泛存在的一种集装化器具，是实现静态货物转变为动态货物的主要手段。滑托盘是比纸滑托盘更具高质量的抗湿性和抗撕裂性，更适合于周转使用，是替代木、纸、塑料托盘的理想换代产品。仓储所需占的空间是常规托盘的 1/20 左右，全机械化操作，提高工作效率，降低人的劳动强度。广泛地应用在各个产品生产领域和运输领域，特别是电子、塑胶等行业。

由于滑托盘所用主辅材料都是环保材料，产品无毒、重金属极低，可 100%回收再生利用，且滑托板产品已获有 SGS 环保检测证书。因此，在铁路散装货物集装化运作中大力推行滑托盘，既能够减少木托盘对自然环境的破坏及在生产加工过程中的粉尘污染，又可以最大程度地减弱其终端废弃环节对环境的破坏，是实现铁路绿色货运较为理想的散装货物集装化托运工具，如图 2-6 所示。

图 2-6　滑托盘

2. 集装袋、集装笼

集装袋是一种高强度合成纤维制成的集装化器具，是一种柔软、可曲折的包装容器，是由可折叠的涂胶布、树脂加工布及其他软性材料制成的大容积的运输袋，如图 2-7 所示。一般是以聚丙烯或聚乙烯为主要原料，经挤出成膜、切割、拉丝，再经编织、裁切、缝制而成；具有结构简单、自重轻、占用空间少、便于回收、造价低廉等特点，采用这种包装，不仅有利于提高装卸效率，特别适宜于散装粉粒状货物的包装，有利于促进散装货物包装的规格化、系列化，降低运输成本，而且还具有便于包装、储存及造价低等优点。特别适用于机械化作业，是仓储、包装、运输的理想选择，可广泛应用于水泥、化肥、食盐、糖、化工原料、矿石等散装物质的公路、铁路及海上运输的包装。因此，近年来世界各国都广泛采用集装袋运输粉粒状货物，集装袋的出现和使用，是粉粒状货物装运方式的一次质的革命。

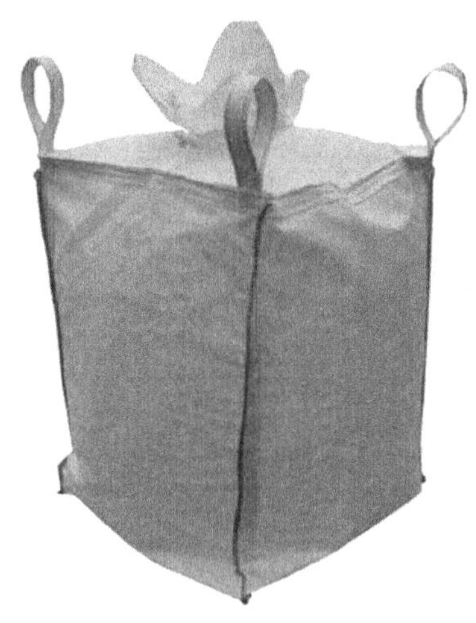

图 2-7 集装袋

集装笼主要用于包装可堆积的货物与产品，如砖瓦、瓜果及外形复杂或无规则外形的各种货物等，如图 2-8 所示。由于集装笼的各构件多用金属制作，因而也适合某些坚硬或沾污产品的运输包装，具有快件单元化积载功能，能够单独构成一个基本的集装运输单元。集装笼可重复使用次数应不小于 100 次。近年来，我国采用集装笼作为运输包装，在一些特殊性能、特殊形状的产品运输方面，取得了巨大的经济效益和明显的社会效益。

随着环保意识的提高，国内国际市场上集装笼、集装袋的使用将会越来越普及，市场前景会更好，这为散装货物集装化提供了发展契机，铁路货运改革要紧紧抓住机遇，注重货运过程中的绿色化发展，提高对货运过程中包装物使用的环保性要求，最大限度减少货运过程中的环境污染，实现铁路货运与环境保护协同发展。

图 2-8　集装笼

3. 裹包机

裹包机又称缠绕包装机、缠绕机。裹包机是为适应货物集装化储存、运输及机械化装卸作业要求,包括托盘式缠绕机、压顶式阻拉型缠绕机、预拉型自动薄膜缠绕机系列产品,广泛使用于外贸出口、食品饮料、造纸、染料、塑胶化工、玻璃陶瓷、机电铸件等产品的集装,既能显著提高生产效率,又能防止货物在搬运过程中的损坏,并起到防尘、防潮及保洁作用,如图 2-9 所示。

裹包机工作原理是通过将被缠绕物体放置于转盘中央,启动转盘电机转动,自然地带动转盘转动,使物体实现了外围的膜缠绕。与此同时升降机电机启动,带动缠绕捆扎机整个组合体做上下运动,达到物体高度方向的缠绕,实现了物体整个外表的缠绕包装。这样不仅有利于货物储存、运输及机械化装卸作业的包装要求,又能防止货物在搬运过程中的损坏,起到防尘、防潮及保洁作用,也降低了生产成本,提高了生产效率。

在散装货物集装化运输过程中,通过滑托盘、集装袋、集装笼及裹包机的运用,可以最大限度地降低铁路货运包装给环境造成

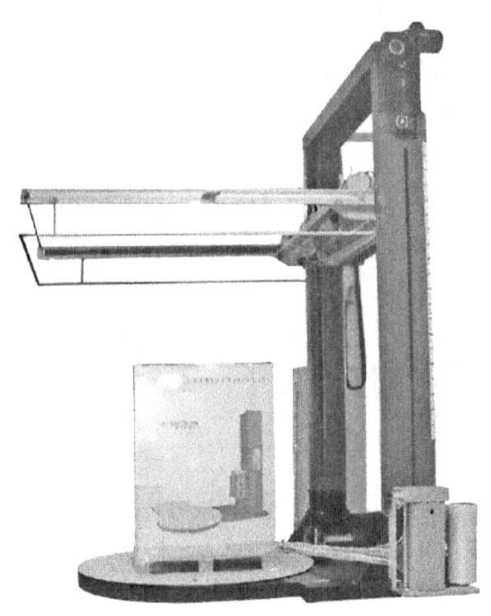

图 2-9　裹包机

的危害，将环保意识贯穿于铁路货运的方方面面，提高铁路货运的绿色化发展程度，实现铁路货运与环境保护的协同发展。

(四)推进“散改集”

1. 推进依据

传统的干散货运输不仅会污染港口及其周边环境，而且在运输过程中货损和货差比较严重、运输的安全性低。“散改集”运输方式更加方便和快捷，能增大货物所在地公路、铁路及水路的联运范围，缩短运输时间，降低货损货差。“散改集”动因如下。

(1)高效绿色运输发展需求

传统散货运输方式很多是采用露天作业的形式，货物在货场进行储存、装卸及运输会产生相对严重的货差货损。传统散货运输以劳动密集型为主，技术作为补充。但由于铁路货场技术日渐成熟、劳动用工管理逐渐规范，传统散货运输不仅效率较低且增加生产成本，逐渐不适合生产方式的发展趋势。与此同时，传统散货作业货场的清洁生产方式及环保技术逐渐不能适应社会发展，与清洁高效的发展趋势相矛盾。

集装箱可用于临时储存散货，有利于提高堆场利用率，减少倒运和装卸环节，降低劳动强度、改善作业条件、减轻环境污染。可根据散货品种、运输等级要求和质量要求保管散货，符合客户小批量多品种运输需求。此外，“散改集”运输环保，经济效益显著，可有效减少扬尘和降低货损。

(2)配套设备及工艺

“散改集”是在传统散货运输的前端或末端添加换装环节，进而实现通用散货装卸作业。换装环节具体过程是铁路货场的散装散货换装为集装箱货物。“散改集”运输模式能避免传统散货运输的缺点，减轻环境污染，同时换装环节能用来临时存储货物。“散改集”工艺不同于传统散货运输工艺，需要专门的设备和操作工艺来支撑“散改集”的运行。在集装箱运输迅猛发展的今天，围绕该运输形式的专用设备在不同应用层面发明创新。

(3)适应的货物种类

集装箱运输适用于几乎所有需要安全、规范和便捷运输的货物品类。当然，由于集装箱的尺寸限制，某些过大或超重货物可能无法通过集装箱运输，需要采用多种运输方式。主要适箱货物见表 2-1。

表 2-1　主要适应货种

货物类别	粮食	化学品	大宗货物	其他
具体货类	淀粉、散玉米、大豆等	化学品、涂料、液体石油、可燃液体、油漆、药品、化肥、液体化工品等	煤炭、矿石、沙子、水泥、钢材等	小汽车、冷链货物、文化用品、家居物品和日常消费品等

高效绿色的运输发展需求、配套的“散改集”设备和工艺，以及合适的货种作为“散改集”运输的适应条件，决定着该运输能否顺利开展。传统散货运输虽然不能完全被“散改集”运输所替代，但“散改集”运输可以达到低损耗、低污染的效果，有着良好的发展前景。

2. 推进方案

(1)推动集装箱新型运输方式

铁路部门参加和推动多式联运。铁路集装箱运输有运量大、手续简单、运输成本低的特点，运输距离相对空运、海运是短途运输，相对公路是长途运输，各个运输方式都有其特点，铁路部门需要参与多式联运中，扬长避短，推动物流业发展。营造集装箱铁路集疏运市场的机制，努力宣传集装箱铁路运输优势，让投资者加入市场竞争中，从而激发铁路集装箱运输的市场需求。

(2)完善集装箱运输的流程和配套设施

建设铁路集装箱运输车，提高线路通过能力。集装箱的货场规模是发展铁路集装箱的基础，需要重视软硬件设施的建设，配置装卸、搬运设备，提高运输及中转效率。

(3)利用先进信息技术，打造信息化货物运输新模式

提高信息化建设进程。要实现运输全程追踪及动态管理，满足客户对货物在途状况了解的需求，需利用通信技术结合信息化管理系统，建立适应铁路集装箱运输的数字化管理系统，提高服务质量的同时推动整个集装箱体系的运作。

(五)应用敞顶箱

1. 适箱货物种类

敞顶集装箱是一种没有刚性箱顶的特殊结构的集装箱。为了防止风雨袭击，顶部覆盖着由折叠式或可拆式顶梁支撑的帆布、塑

料布或涂塑布等制成的罩布，其他结构与通用集装箱相似。

适箱货物为不怕水的货物，如矿石、煤炭、卷钢等。带篷布的敞顶集装箱的主要优点是可以防风、防雨、防雪和防晒，保护货物的质量，可以满足粮食、粉煤灰、建筑材料、木材等多种货物的运输需求。普通集装箱和敞顶箱箱门均在箱体侧面，但敞顶箱可以从顶部装载，故可用来装载从箱门装不进去的货物，如玻璃板、胶合板、一般机械和长尺度货物等。

2. 推进方案

(1)强化敞顶箱市场开发

加强货源组织。积极开展市场营销，定期进行货源市场调查，与源头大型生产加工企业合作，增加大宗货物发运量。针对敞顶箱适箱品类，通过第三方物流企业组织货源，利用社会物流企业的集货能力和服务优势，扩大快运货物品类纳入敞顶箱运输。

设计运输产品。深入调研企业需求，掌握企业生产、销售情况，以融入企业供应链为目标，根据企业原材料、产成品到发情况，为企业量身设计运输产品，实现敞顶箱重去重回的班列化运输。

扩大运营范围。拓展企业间合作，铁路与港口、钢厂、煤企等多方协调一致，支持企业专用线建设，配备相关自动化装卸设备，为敞顶箱运营创造条件。在公路货运枢纽、港口、物流园区等货运集散地引入敞顶箱运输，通过敞顶箱衔接不同运输方式，大力开发海铁、公铁联运业务。

(2)提升敞顶箱运营条件

完善场地设施。根据国家战略和产业分布，深化集装箱场站布局研究，加快铁路集装箱场站建设，扩大集装箱办理站数量。对既有货场、专用线进行改造，合理设置作业区域，提升集装箱堆存、装卸场地条件，根据运量增加装卸线数量及长度。强化集装箱场站的集疏运体系配套建设，对接区域内企业物流需求，提升设施设备配套水平。

加强设备投入。根据敞顶箱物流需求,逐步增加敞顶箱投放数量,在集装箱场站配备叉车、起重机等专用装卸机械,提供托盘、集装袋等集装化用具,配齐敞顶箱作业梯等人工辅助设备。

拓展配送网络。铁路通过购置集卡车和整合社会公路运力资源,不断提高敞顶箱接取送达能力,满足客户"门到门"运输需求,形成覆盖广泛的敞顶箱配送网络。

提高作业效率。优化集装箱场站内部作业组织,调度各作业环节、多种设备协同配合,合理规划敞顶箱内部堆存与外部配送流程,提高物流服务质量,增强运输时效性,压缩敞顶箱在场站等待停留时间。

(3)提高物流服务能力

强化运输组织。铁路局集团公司以满足客户物流需求为目标,组织各部门密切合作、优势互补,合力推进敞顶箱业务开发。运输调度部门强化敞顶箱运输组织,及时调配敞车、平车,满足敞顶箱业务运力需求。货运中心加强市场营销、积极组织货源、提高作业效率,及时掌握企业运输需求,合理安排运输计划,提升现场作业工作质量。非运输商贸物流企业利用敞顶箱开发全程综合物流服务,同时围绕提升两端接取送达能力、扩大敞顶箱保有量等方面开展工作,为敞顶箱业务运营提供保障。

提高竞争能力。根据货物特性、运到时限等不同需求,提供差异化服务,着力提高敞顶箱业务竞争能力,加强运输调度指挥和跨局协调,以设计开发符合客户需求的班列产品为重点,不断强化班列的品牌效应。

拓展服务项目。积极延伸敞顶箱物流服务链条,开展仓储、装卸、配送等增值业务,满足客户空箱堆存、掏装箱、上门装卸等服务需要,逐步拓展质押监管、物流保理、融资租赁等金融服务。

加快信息化建设。首先加快建设敞顶箱运营信息平台，与既有货运信息系统对接，协助运输调度部门实现敞顶箱动态配置。其次通过运用移动互联网、云计算、GPS、大数据等信息技术，整合公路、船运、铁路等多种信息资源，实现信息共享，推进敞顶箱业务多式联运发展。最后发挥信息平台"智慧物流"作用，挖掘社会潜在货源，为客户提供需求提报、货物追踪、订单管理、信息查询、实时结算等服务。

保持设备更新升级。对敞顶箱进行定期检验，及时维修损坏箱体，保证敞顶箱具备良好的运营状态，同时随着现代信息技术发展，多式联运领域技术的升级，关注集装箱发展趋势，保持敞顶箱迭代升级，加快开发适用于公铁海联运的敞顶箱设备。

三、集装箱运输

（一）铁路集装箱运输概述

随着我国高速铁路网的不断完善和既有线路的技术改造，铁路货物运输能力得到有效释放，为铁路货运产品的转型升级提供了有利条件。集装箱运输作为铁路企业向现代物流转型、推进市场化改革的重要途径，通过拓展入箱货物品类、扩大集装箱办理站、发展铁水联运业务、打造中欧班列品牌等举措，推动集装箱运量快速提升，是铁路货运增长新亮点。全社会节能环保意识的增强也使得铁路集装箱运输的推广具有重要意义，铁路集装箱运输的单位碳排放量是卡车运输的20%，甚至更低，可以有效地减少碳排放量，改善空气质量。

（二）铁路集装箱运输现状

目前我国外贸货物的集装箱化率已达80%，而内贸货物的集装箱化率仅为30%左右，而在发达国家，集装箱运输比例在70%

左右。由此可见,我国内贸货物的集装箱化率还有很大的发展空间,内贸散装市场是未来集装箱多式联运的一个重要增量市场。

(三)铁路货运集装箱运输存在问题

1. 铁路基础设施建设与集装箱发展不适配

我国铁路在设计之初未考虑集装箱化,由于接触网、隧道等高度限制,无法像美国一样采用通用车辆装载双层集装箱,而一节车辆装一个40英尺箱会造成运力浪费,且很多地方没有专用的集装箱吊装设备。除了我国的沿海地区,内陆地区无论公路还是铁路集装箱化程度都很低,没有专业的堆场、装箱场地、仓库,造成集装箱使用不便,利用效率低下。

在我国的铁路中长期规划中,将铁路集装箱运输分为三级节点,形成集装箱铁路物流网络。全国范围内规划建设的18个主要铁路集装箱中心站,只有9个规划建设了集装箱到发线,配备专用装卸设施,个别配备的装卸机械还不适应集装箱装卸需求,有的设备设施年久失修未能及时更新,有的因型号不匹配,在装卸作业过程中容易对箱体产生破损。二、三级物流节点规划不理想,虽然有609个办理集装箱业务的货运营业网点,但分布范围较大,设备投入不足,效率低下,发展不平衡,难以实现"门到门"运输。而且铁路对于集装箱的运输资金投入较少,现有技术条件和装卸设备难以满足集装箱班列的开行和新的货运产品试运,影响班列规模效应。

2. 组织运输模式单一

铁路物流中心相比于零散物流来说,具有规模大、便于组织方式展开的优势。但是,我国的铁路集装箱运输几乎只存在集装箱班列直达这一种组织方式。虽然班列直达化在效率和时效性方面具有较大的优势,但它的节点和时间都比较固定,只有在货物比较充足的中心站之间才可以实现，在小节点几乎不停靠，忽视了很多零散需求，对沿途地区几乎没有价值，致使铁路集装箱的运力得不到有效发挥，降低铁路集装箱运输的市场竞争力，制约铁路集装箱运输的发展。

3. 重去重回班列较少，灵活性差

目前开行的大多数集装箱货运产品，以单方向开行的班列为主。受货源和运输组织、时限要求的影响，为保证运输时效和货车的周转效率，重去空回的班列目前占到铁路图定班列的 80%以上，回程货流组织较为乏力。有时还会受车流方向及运输能力限制，出现重箱出不去、空箱回不来的现象。每年的春运、暑运期间和部分运力紧张的货运线路，还会面临停开的风险。班列的运输缺少一定的灵活性。且集装箱运输地区分布较为集中，部分地区运量压力大且距离较长，导致一部分沿海和经济发达地区箱源密集，而另一部分地区箱源供应不足。可装运集装箱的铁路车辆，如集装箱专用平车、共用平车和一部分敞车配属不足，有货无车，受调度和货运计划的制约严重。由此集装箱的运输时效和客户需求无法最大限度的实现。

4. 营销体系尚未成熟，运价制定不科学

铁路的主营业务中，集装箱班列的营销定格在中欧班列等服务国家战略的运输品牌中，对于一般性的集装箱班列产品缺乏品牌营销和经营管理。开设班列的货源和需求倾向于大宗货物企业。目前集装箱班列装运的货物品类更多的是一些小商品和快捷货物。这些客户的运输需求不能获得保障，造成货源和客户的流失严重。在定价方面，集装箱运价由国铁集团统一指导，铁路局集团公司自主调整运价灵活性不足。定价方法几乎忽略了成本，管理权力较为集中，定价方式不合理。在所有开行的班列中，为鼓励并让利于客户，实行运价下浮的班列和集装箱运输产品占到80%以上。

5. 信息化水平和信息的通畅程度不够

铁路货运部门建成了集装箱管理信息系统，全路货运集装箱受理网点可以联网进行数据操作，并且上报集装箱信息。与货运电子商务系统和货票系统联通后，通过箱号对货物的在途位置、到达时间等信息进行追踪，便于统计和信息查询。同时在95306平台为客户申请用户名，客户可以随时查询集装箱运价、办理限制等基础信息。实行货票电子化以来，铁路部门取消了纸质货物运单，实行电子运单，并与货运站系统进行数据互联。但是现有的集装箱管理信息系统读取数据不便，需要大量的人工录入操作，与货运站系统联结不够密切。箱管系统的数据操作往往流于形式，与实际作业不同步，导致箱状态、箱位置等信息不完整、不准确、不一致，无法为箱资产管理、箱资源分配、运输进度跟踪、异常问题处理、费用结算等提供数据支撑。

（四）铁路集装箱绿色运输技术

集装箱运输是借助集装箱这种大型标准化容器为载体进行货物运输。集装箱通过将零散货物集中化运输，能够实现货不落地、清洁运输，减少货物倒装环节，降低了作业成本和作业过程中的环境污染，集装箱的大力推行有利于环境保护和经济可持续发展。集装箱型号和功能各异，按照其适配货物类型可分为框架集装箱、牲畜集装箱、罐式集装箱、平台集装箱、通风集装箱、保温集装箱、散装货集装箱、散粉状货集装箱、挂式集装箱等。

1. 框架集装箱

框架集装箱没有箱顶和两侧，其特点是从集装箱侧面进行装卸。以超重货物为主要运载对象，还便于装载牲畜，以及诸如钢材之类可以免除外包装的裸装货，还便于大型超宽、超高货物的吊装，如图 2-10 所示。

图 2-10　框架集装箱

2. 牲畜集装箱

牲畜集装箱侧面采用金属网，通风条件良好，而且便于喂食，是专为装运牛、马等活动物而制造的特殊集装箱，如图 2-11 所示。

图 2-11　牲畜集装箱

3. 罐式集装箱

罐式集装箱又称液体集装箱，是为运输食品、药品、化工品等液体货物而制造的特殊集装箱。其结构是在一个金属框架内固定一个液罐。国际标准罐是一种安装于紧固外部框架内的不锈钢压力容器。罐体内胆大多采用 316 不锈钢制造。多数罐箱有蒸气或电加热装置、惰性气体保护装置、减压装置及其他流体运输、装卸所需的可选设备，如图 2-12 所示。

图 2-12　罐式集装箱

4. 平台集装箱

平台集装箱形状类似铁路平板车，是具有高承载能力底板且没有上部结构的集装箱。适宜装超重超长货物，长度可达 6 m 以上，宽 4 m 以上，高 4.5 m 左右，重量可达 40 t。且两台平台集装箱可以连接起来，装载 80 t 货物，平台集装箱装运汽车极为方便，如图 2-13 所示。

5. 通风集装箱

通风集装箱箱壁设有 4～6 个通风孔，内壁涂塑料层，适宜装新鲜蔬菜、水果等怕热怕闷货物，如图 2-14 所示。

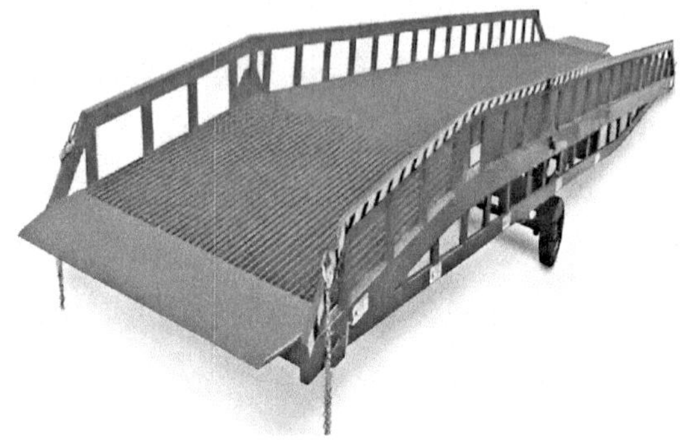

图 2-13　平台集装箱

图 2-14　通风集装箱

6. 保温集装箱

保温集装箱箱内设有隔热层，箱顶有能调节角度的进出风口，可利用外界空气和风向调节箱内温度，紧闭时能在一定时间内不受外界气温影响。适宜装运对温湿度敏感的货物，如图 2-15 所示。

7. 散装货集装箱

散装货集装箱一般在顶部设有 2～3 个小舱口，以便装货。底部有升降架，可升高成 40°的倾斜角，以便卸货。这种箱子适宜装

图 2-15　保温集装箱

粮食、水泥等散货。如要进行植物检疫，还可在箱内熏舱蒸洗，如图 2-16 所示。

图 2-16　散装货集装箱

8. 散装粉状货集装箱

散装粉状货集装箱与散装箱基本相同，但装卸时使用喷管和吸管，如图 2-17 所示。

9. 挂式集装箱

挂式集装箱是适合于装运服装类商品的集装箱，如图 2-18 所示。

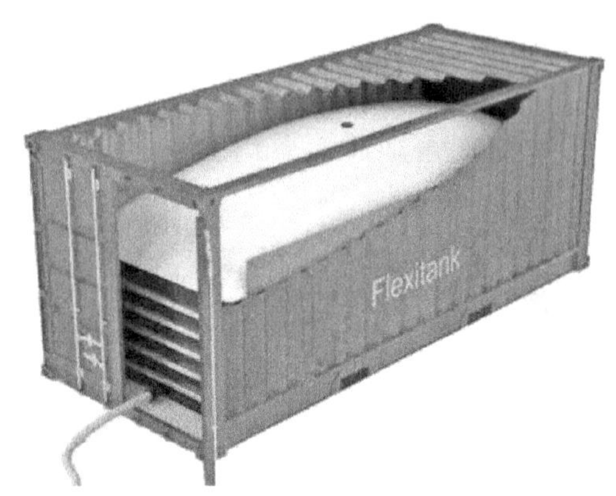

图 2-17　散装粉状货集装箱

图 2-18　挂式集装箱

随着国际贸易的发展，商品结构不断变化，今后还会出现各种不同类型的专用或多用集装箱。铁路货运的发展要具有前瞻性，积极与国际集装箱发展接轨，提高集装箱的标准化程度，加强对铁路集装箱货运的组织模式创新，实现铁路货运绿色发展。

四、散堆装运输

(一)散堆装运输概述

散堆装货物是指铁路运输过程中不需要货物包装承运，并且无法计算件数的成堆堆放的货物，如木材、砂石、生铁、非金属矿石、煤炭等。散堆装货物的种类较多，不同散堆装货物的理化性质也不尽相同，有的散堆装货物密度小，属于轻质货物，如木材、毛竹等；有的散堆装货物密度大，属于重质货物，如生铁、金属矿、石碴等；还有的散堆装货物属于不规则块状的或粉末状的；有的散堆装货物吸水性强，而有的会在运输过程中流失水分。铁路“散改集”运输方式具有传统铁路货车不可比拟的优势：它有效解决了散堆装货物运输途中可能出现的亏吨、扬尘、渗漏、污染等问题；减少了装卸次数、转运成本，在增加企业一次实际运输量的同时，实现散堆装货物经铁路运输与其他运输方式轻松衔接，提高了铁路“站到门”的短驳运输时效性，从而达到“降本增效”的目的，成为当前铁路货运绿色化发展的重要途径之一。

(二)散堆装运输存在的问题

1. 超载问题

散堆装货物容易发生超偏载，从而产生车体倾斜、旁承游间压死等安全隐患，进而可能造成车辆脱线、燃轴、热切、颠覆等危险。因此，散堆装货物超偏载也成为近年来全路货运装载加固专项整治的重中之重。

2. 物流节点中转设施落后

重要铁路路段、大型的散堆装货物储备库等设施严重落后，散堆装货物装卸效率低下，散堆装货物运输工具发展落后。导致一段时期内，散堆装货物占用过多运输渠道，到站、到达和卸货效率低，造成了货物滞留。

3. 物流仓储设施不配套

散堆装仓储设施的“小、散、低”问题较为突出，仓储结构设计及设施布局设计不合理，机械化程度较低，不能很好地满足粮食等物资的散装、散运、散卸、散存（简称“四散化”）一体化运行。

4. 散堆装货物储存信息化程度低

散堆装货物仓储信息管理系统覆盖面窄，没有公共信息交换和电子商务平台。企业和仓库没有广泛进入信息化时代，仍然采用老式的散堆装货物储存办法管理，导致散堆装货物储存信息掌握不全面，互相间联系和沟通程度低，出现信息盲点，重视硬件而轻视软件、重视技术而轻视服务等现象比较普遍，导致“四散化”工程目标难以实现。

（三）散堆装绿色化运输技术

1. 散装货物集装运输袋

利用散装货物集装运输袋运输散堆装货物是散堆装货物运输的新技术方案，包括长方体结构的袋体、加强绳、袋口、角部牵拉件。其中，加强绳缝制在长方体结构的袋体的外表面，袋口位于袋体的上部，角部牵拉件位于袋体的内部，连接袋体的相邻两侧面。其主要采用自卸式结构原理的一种集装化运输方案。装卸作业需要的人工少，作业效率高，成本低，使用敞车运输，敞车到站后无须返空即可投入路网调拨使用。具体来讲，装散堆装货物时，货物从运输汽车自卸，放料到皮带运输机置料斗中，通过皮带运输机传送到货物运输袋内；装小袋包装货物时，取下皮带运输机置料斗，直接将小袋包装货物置放在皮带运输机上传送到货物运输袋内，再按方案进行堆码。卸货时，货物运输袋侧面有开口，货物因自重而卸料，自重不能卸料时，只需少量人工辅助铲除清扫即可完成，散装货物集装运输袋如图 2-19 所示。

图 2-19　散装货物集装运输袋

2. 散堆装货物专列

散堆装货物专列是指在行驶过程中全封闭运行，以散装、散运、散卸为主的散堆装货物运输方式。散堆装货物不再用袋子装货，而是直接往车厢罐体里装货，到达后像打开水阀放水一样卸货，即国际上通行的散装、散运、散卸、散储“四散化”流通，实现快捷化、低成本目标。列车到达目的地后，只需要打开列车阀门，车内的货物就直接卸入位于列车线路下方的货物输送带上，卸载后的货物可直接进入加工和销售环节，省去了传统卸货时的扛包、拆包环节，散堆装货物专列卸车如图 2-20 所示。

通过散堆装货物专列的开行及园区专业化设施的配置，散装散卸货物既可以实现直接对接，一年四季可以均衡地根据用量有计划地发送；又能够降低货物运输过程中的扬尘、渗漏、污染等问题，是铁路绿色货运发展的有效措施。

3. 智能化信息系统应用

(1)粮情检测分系统

粮情检测分系统是以结构安装的方式在散粮运输车车厢安装

图 2-20　散堆装货物专列卸车

若干个空气温湿度传感器、粮堆测温线缆、在线粮食水分传感器和汇聚点，以及安装在车辆驾驶室的通信终端。粮情检测分系统实时检测车厢内部和外部空气温湿度、车厢内粮堆温度、水分等粮情数据，粮情数据通过 CAN 总线传输到车厢外汇聚点，通过 433 M 有线与通信终端进行通信，通信终端通过 RS232 将粮情数据发送给智能终端。

(2)智能环控分系统

智能环控分系统包括智能环控模块和环控设备，其中智能环控模块负责粮情数据提取和分析、知识库专家系统、环控策略输出；环控设备以结构安装的方式安装在车厢内，包括空调、若干电动通风窗及设备控制器等。

智能环控模块从智能终端中提取粮情数据，对粮情数据进行计算和分析，再根据知识库专家系统，推理确定是否进行通风、通风目的(降温/降水)、通风方式(开关空调/窗)和降温/降水的目标值，然后环控策略输出当前信息到智能终端，由智能终端将控制命令发送给设备控制器执行相关控制。知识库专家系统是一个智能程序系统，其内部包含知识库和推理机。知识库包含粮食储存领域的常识性和原理性知识，和储粮专家经过长期实践，建立的标准和得出的经验数据，以及环控系统实验得出的经验数据等。推理机是以一定的推理策略，有效地选择知识库中的知识，并根据问题参数进行推理，得到合理、可接受的结论。

环控设备包括空调、若干电动通风窗及控制空调开关和通风窗开关的设备控制器等。空调和电动通风窗都用于降温通风和降水通风，根据控制命令执行开启或关闭动作。当智能终端接收到智能环控分系统发送的环控策略数据后，将控制命令逐级发送到设备控制器，从而控制空调或自动通风窗的开关，从而使车厢内空气温湿度达到目标值，以改善环境条件。

(3)智能终端

智能终端是整个系统的中央控制单元，安装在驾驶室。一方面接收粮情检测分系统的粮情数据，再运用智能环控分系统对粮情数据进行分析，获得控制策略，进而控制空调和电动通风窗等设备，从而优化车厢储粮环境。另一方面与 GPS 模块进行连接，采集行车 GPS 数据，实现车辆路径规划和行车安全监管，同时通过 GPRS 与远程管理平台进行通信，实现粮食运输过程的远程管理。

(4)远程管理平台

所有散粮运输车智能终端通过 GPRS 无线网络与部署在 Web 服务器上的远程管理平台相连，远程管理平台可以获取和查看所有散粮运输车的粮情数据、环控策略数据、车辆位置和运行状态等，并对历史数据进行相关分析，从而实现对散粮运输车长途运输过程的集中优化管理。

五、冷链运输

(一)冷链运输概述

冷链运输是指在运输全过程中，无论是装卸搬运、变更运输方式、更换包装设备等环节，都使所运输货物始终保持一定温度的运输。冷链运输方式可以是公路运输、水路运输、铁路运输、航空运输，也可以是多种运输方式组成的综合运输。冷链运输是冷链物流重要环节，冷链运输成本高，而且包含了较复杂的移动制冷技术和保温箱制造技术，冷链运输管理包含更多的风险和不确定性。

其中以铁路运输方式进行的冷链运输称为铁路冷藏运输，其概念为需要采取制冷、保温、通风等特殊措施的货物运输。易腐货物包括肉、鱼、蛋、奶、鲜水果、鲜蔬菜、鲜活植物等。按热状态又分为冷却货物、冻结货物和常温货物。铁路主要采用冷藏的方法运输易腐货物，还可采用保温、防寒、加温、通风等措施。

铁路冷藏运输的冷藏车分为两大类：一是冰盐冷藏车，中国现采用车顶式冷藏车，以冰和盐作为冷源，依据控制冰内掺盐量，使车内保持一定的温度。由于冰盐对沿线钢轨有腐蚀作用，而且制冷温度不够低，已停止制造，势必逐步淘汰；二是机械冷藏车，用内燃机带动制冷机械，以制冷剂作为冷源，车内可得－20℃以下的低温，且可在广泛的范围内实现温度的自动调节，所以更能适应现代冷藏运输的要求。机械冷藏车又分为单辆和成组两类，成组的有3～23 辆各种不同的编组车数，由于成组车批量过大，单辆的机械冷藏车更能适合市场的需求，是主要的发展方向。铁路冷藏运输设施还有制冰厂、加冰所、预冷站等。易腐货物在保管和运输过程中，要求能连续不断地处于一定的温度、湿度、通风和卫生条件下，要求从生产、加工、储存、运输、销售各部门之间形成统一的冷藏链，冷藏集装箱能满足“门到门”运输的需要，是今后铁路冷藏设备的发展方向。

（二）国内外铁路冷藏设备技术现状

1. 国外铁路冷藏设备技术现状

国外发达国家冷链系统完善，冷链运输装备技术先进。美国是铁路冷链运输的发源地,历经 160 多年的发展,已经形成以先进技术装备为基础、高效运营管理系统和成熟市场为依托的完整冷链运输体系,代表了铁路冷链运输技术的发展方向。近年来,美国铁路冷链运输装备进行了大量技术创新,主要通过机械冷链车、冷链集装箱和拖车运输装备的大型化、单元化、智能化,较好地满足了冷链物流市场的需求。美国联合太平洋铁路公司(UP)和伯林顿北方圣塔菲公司(BNSF)拥有全美七成以上的铁路冷链运输装备。目前,美国联合太平洋铁路公司拥有 50 英尺(7000 系列、9000 系列)、64 英尺、72 英尺等机械冷链车,2013 年伯林顿北方圣塔菲公司开始全部采用 72 英尺机械冷链车(图 2-21),其载运量是公路冷链汽车的四倍,单位运输成本更低,能更好地满足冷链物流市场对时效性和成本方面的要求。

图 2-21 美国 72 英尺机械冷链车

冷链集装箱作为一种标准化运输工具,能实现公铁水海联运与国际冷链运输无缝衔接。冷链集装箱有带动力和不带动力两种型式,以后者居多,通常采用发电车或发电箱集中供电、成组或成列运输的模式。美国铁路通过研发 45 英尺、48 英尺、53 英尺、71 英尺等大型冷链集装箱及联运车辆装备,运用普通平车驮背运输冷链拖车或凹底平车载运双层冷链集装箱,完成冷链多式联运的无缝衔接。在西雅图港与芝加哥市间开通的双层冷链集装箱列车，每列车配备多个发电机组，每个发电机组同时负责 9～16 个集装箱供电工作，单列可以装载超过 220 个冷链集装箱。此外，还采用卫星定位及远程制冷调控等技术，提高长途易腐货物运输的安全性，进一步促进了铁路冷链运输市场的发展。美国还开发了铁路、公路都能运行的公铁两用货车进行冷链运输，典型代表有 Roadrailer 公司的 MarkⅤ、Railrunner 公司的 Terminal Anywhere 系统。MarkⅤ已成为公铁两用车的主型产品，由端部转向架、中部转向架和半挂车组成。铁路运行时端部转向架的鞍座连接半挂车的车首，集成的制动和钩缓装置与机车相连，半挂车的车尾落在中部转向架的挂车承载台上，后车车首通过牵引挂钩与前车车尾相连。列车解编时常规公路牵引车拖着半挂车继续送货上门服务。Railrunner 公铁两用车原理和 MarkⅤ类似，区别在于半挂车的抬升和连接方式，不需要在半挂车上设置升降装置，在连挂过程中通过斜面滑行抬升。公铁两用半挂车以集装箱半挂车和冷链半挂车居多，目前在北美、澳洲和西欧等多式联运市场中占有一席之地。

欧洲第一个冷藏货物国际铁路联运服务是在 2009 年 11 月由英国铁路运营商斯托巴特铁路公司(Stobart Rail)与德国铁路运营商辛克物流公司(DB Schenker)合作推出，被称为“来自西班牙的新鲜水果和蔬菜”(fresh fruit and vegetable from spain，FFVS)。它将西班牙新鲜的果蔬产品，经过 1 700 km 的路程，穿越英法海底隧道，途经西班牙、法国运抵英国，是欧洲运距最长的冷藏运输单元列车之一。这项服务由斯托巴特铁路公司的总部控制中心负责全程监控，这些冷藏车可以设置内部温度，通过安装感应器能够提供精确的货物在途状态和能源消耗信息，这一更快、更环保的西班牙新鲜产品的运输方案使超市和消费者都能受益，同时可以提高铁路易腐货物运输在跨越多个国家长距离运输情况下的竞争力和可靠性。另外,这项服务还将延长至英格兰北部的威德内斯终端服务点。

在易腐货物运输领域中,俄罗斯是持续保持增长的市场之一。其冷链货运量 2005 年为 7 000 TEU,2006 年为 10 000 TEU,2007 年为 12 000 TEU,2008 年为 21 000 TEU。易腐货物运输主要由国营冷藏服务公司(Refservice)负责,其大部分股份属于俄罗斯铁路,由于该公司自己拥有小型加冰冷藏车,因而可以为众多的中小客户提供冷藏运输服务。2009 年,Refsvice 联合俄罗斯集装箱场开发出一项易腐货物运输新技术。这项新技术使用新的制冷系统,由柴油发电机供电的氟利昂制冷系统和可兼容发电机的集装箱组成。发电机的创新之处在于其拥有自己的油箱,可以很容易地安装在任何可兼容的集装箱上,从而确保列车移动时的制冷状况;同时,集装箱的制冷系统不再需要连接到中央制冷系统,它配备有传感器,能自动地设定温度和控制货物在途状态,从而降低制冷停机时间和能源消耗。通过使用这种新技术,俄罗斯铁路和 Refservice 希望能在不继续投资的情况下使货运量翻一番。铁路加冰冷藏车和冷藏集装箱的易腐货物运输成本是相同的,但是,集装箱具有更好的灵活性和可操作性,因此,冷藏集装箱运输更具潜力,它将逐步取代铁路加冰冷藏车。俄罗斯铁路计划建立带有冷库设备的终端设施,作为储存和转运易腐货物的关键节点。

2. 我国铁路冷藏设备技术现状

我国铁路冷藏运输的发展跌宕起伏,大致经历了兴起、繁荣、衰落三个阶段。借鉴国外成熟经验,我国先后研制了加冰冷藏车、机械冷藏车、冷板冷藏车、液氮冷藏车、保温隔热车及冷藏集装箱运输车组等冷藏运输装备,它们各具特点,在不同时期的铁路冷藏运输中发挥了积极作用。目前,我国在役的铁路冷藏运输装备主要有机械冷藏车和冷藏集装箱运输车组，由中铁特货公司管理和使用。B_{22} 型、B_{23} 型机械冷藏车是我国铁路冷藏车的主型产品，车组由 1 辆发电车和 4 辆冷藏车组成，集中供电、单车独立制冷或加温。车体为无中梁结构，地板、墙板为硬质聚酯泡沫塑料芯材夹心结构，车顶为硬质聚苯乙烯塑料填充结构。B_{10BT} 型单节机械冷藏车是在 5 节式冷藏车组基础上设计，制冷机组布置在车辆一端，另一端设置乘务室，制冷加温系统主要由 LFT98NR 型制冷机组及循环风道等组成，制冷加温机组是由柴油机直接驱动的整体独立式单元双系统制冷设备。我国现有 B_{22} 型、B_{23} 型机械冷藏车及 B_{10BT} 型单节机械冷藏车 1 020 辆，具备大运量、温控性能好、运输距离长、运输经济性好等优点，适于大中型企业的“库对库”运输。2019 年，中车长江公司还研制了 23 t 轴重新型机械冷藏车，配置冷王制冷机组，车体采用整体发泡结构和软风道端部送风结构，运用 GPS 定位和远程监控系统实现无人值守。各车型的主要技术参数见表 2-2。

表 2-2　我国主要机械冷藏车技术参数

车型	自重/t	载重/t	容积/m^3	车辆编组形式
B_{10BT}	41.1	38	100	1 辆
B_{22}	38	46	105	1 辆发电车+4 辆冷藏车
B_{23}	38.2	45.5	105	1 辆发电车+5 辆冷藏车
23 t 轴重机械冷藏车	34	57	140	1 辆

冷藏集装箱电源配置方式可以采取一拖一(一个动力装置配给一个冷藏集装箱，如自带动力)和一拖多(一个动力装置配给多个冷藏集装箱，如发电箱)。从使用方便、运用灵活的角度考虑，前者较好；从成本、管理及检修的角度考虑，后者为佳。目前，我国铁路冷藏集装箱运输采用 4 辆 BX_{1K} 型平车(图 2-22)+1 辆 B_{23} 型发

电车+4 辆 BX_{1K} 型平车的固定编组模式，可运输 20 英尺、40 英尺和 45 英尺三种规格的无电源冷藏集装箱。BX_{1K} 型平车由 X_{1K} 型集装箱专用平车加装供电管线改造而成。

图 2-22　BX_{1K} 型冷藏集装箱平车

B_{23} 型发电车采用双向供电模式，内有 2 台发电机组，单机功率为 64 kW，输出电力为 AC 380 V/50 Hz，车上有完备的生活设施，满足乘务员工作生活条件。发电车、平车和冷藏集装箱三者的功率、制式相互匹配，发电车置于车组中间位置，减少电压衰减。我国现有 1 199 辆 BX_{1K} 型冷藏集装箱平车投入运用，主要服务于南菜北运、冷藏货物的进出口及中欧班列等中、长途冷藏集装箱运输，极大地降低了冷链物流成本，受到市场的欢迎。借鉴 BX_{1K} 型冷藏集装箱平车运用模式，2020 年改造 1 200 辆 DL_1 型、NX_{17K} 型平车用于铁路冷藏集装箱运输。此外，随着新技术、新材料、新能源的发展，近年来柴电式、锂电池、蓄冷式(图 2-23)等冷藏集装箱新产品不断推出，为铁路冷链运输提供了新途径新模式。

3. 铁路冷藏运输设备技术发展策略

2019 年，铁路冷链运输运量为 206.75 万 t，同比增长 29.15%，铁路冷链运输呈现出良好的发展态势。随着国家政策、

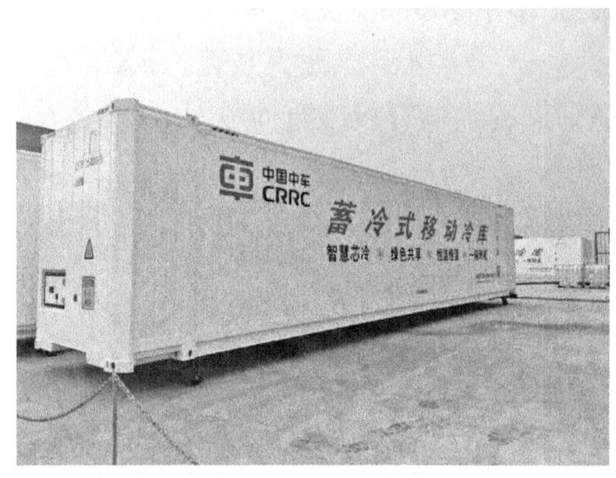

图 2-23　初芯 A25 蓄冷箱

冷链物流法律法规及相关标准的日益完善，针对批量冷藏运输、零散冷藏运输和小件冷藏快运等不同市场层次需求，创新铁路冷藏运输技术，发展铁路冷藏运输装备，面临着良好的市场机遇和广阔的发展前景。为满足冷链运输进一步市场化的需求，未来铁路冷藏设备技术的发展必须满足以下六点要求：

(1)必须符合国家能源政策，特别是不能依赖进口石油作为制冷能源，制冷系统的冷源应该具有容易取得、价格低廉、具有发展前途，有利于国家环保政策，减少或消除冷藏运输工具带来的环境影响。

(2)发展适合小批量运输货源的冷藏运输工具，单节冷藏车的需求量较大，因此冷藏车的构成比例应以单节冷藏车为主。

(3)加快送达速度，货物列车提速是铁路货运立足于运输市场的重要措施，铁路冷藏的发展应该在技术上考虑高速的需求，开发研制无途中作业、无人随乘的单节冷藏车。减少运输途中作业，有利于组织快运直达列车、提高货物送达速度、保证货物质量。

(4)保持一定比例的保鲜冷藏车，易腐货物运输中鲜货的占比较大，应发展一定比例的保鲜冷藏车。充分发挥各种车型的作用和优势，改善车辆运用条件，降低运输成本。

(5)冷藏运输工具在规格、性能等方面系列化，为满足货主要求，开发研制不同价位的冷藏车，如价位低、容积大的隔热通风车，在冬春鲜货旺季，补充低运价冷藏车的空缺，使大量"土保温"运输造成的货损严重的现象得以改观。

(6)为繁忙线路配备专用冷藏车。随着一些主要蔬菜、水果及农副食品基地、批发市场的形成，由生产基地向大中城市等主要消费地的货物运量将比较大，运距也相应较长，特别是一些对送达速度要求很高的货物如鲜花、荔枝、水蜜桃等，采用铁路快运有一定优势。应当固定配属一些质量优良、速度快、专用性强的冷藏车辆，在运输组织方式上根据市场变化灵活调整，提高铁路易腐货物运输的综合服务水平，进一步提高运输质量。

4. 铁路冷藏运输设备技术发展建议

结合铁路货物发展现状、冷藏设备技术发展的要求，以及冷链运输的特性，对铁路冷藏运输设备技术发展给出以下五点建议。

(1)研发大型单元化冷藏车

随着铁路冷链物流运输基地的规划和建设，冷藏货物将具备良好的预冷条件，为"库到库"的大节点中长距离铁路运输创造了条件。借鉴美国铁路冷藏车运用经验，发展单节机械冷藏车，推进 23 t 轴重新型机械冷藏车商业化运营，研制 25 t 轴重大容积机械冷藏车，提高组织灵活性和运输时效性，充分发挥铁路装备大运量优势。研究高性能隔热保温技术，使车体的综合导热系数更低、气密性更高，全面提升冷藏车综合性能，降低运输成本。运用北斗定位、物联网、智能控制等信息化和智能化技术，实现大型单元化冷藏车的无人值乘和跟踪监控，提升运输的安全性和便捷性。

(2)开发系列化冷藏集装箱

铁路冷藏集装箱相较于一般集装箱的区别在于需要有供电设备,无论是在运输途中还是在场站停留都需要有效解决供电问题。突破新能源制冷技术,应用聚氨酯等新材料,发展绿色环保、高效节能、智能感知、便捷联通的新型冷藏集装箱,实现从田间地头到多式联运再到消费者手中的全程冷链。考虑公、铁、水不同运输方式的有效换乘、托盘的兼容等因素,发展推广适应机械化作业、充分利用铁路限界和车辆载重的内陆冷藏集装箱,开发出不同规格、不同功能的冷藏集装箱系列产品,打造适合我国国情的冷藏集装箱标准体系,为铁路冷链运输发展提供更大空间。

(3)发展公铁两用冷藏车

围绕冷链市场发展需求及铁路技术发展方向,探索创新公铁两用车技术在冷藏领域的应用。开展公铁两用车设计、验收、运用、检修规则的研究,突破能源转换、电能存储、电源输出控制和智能充电等关键技术,创新轴驱大功率发电公铁两用转向架技术,开发公铁两用冷藏半挂车,以此组成冷藏公铁两用运输单元,丰富冷链物流运输内涵。同时,加强互联网在多式联运领域集成应用,将云计算、大数据、物联网等技术与物流运输深度融合,加快形成与各种运输方式无缝衔接、与物流各环节高效对接的铁路多式联运系统,构建铁路冷链多式联运发展新模式。

(4)改进预冷站的技术设备

要形成完善的冷藏链,充分发挥冷藏链的功能,预冷站技术设备的改进是必不可少的。预冷站必须具备先进的冷冻设备,确保货物在预冷过程中达到预定的温度和湿度,避免货物因为不当的降温、降湿和贮存而失去质量。预冷站需要安装先进的温控设备,能够自动调节温度和湿度,实现智能监测,该设备可以根据不同的货物类型和运输温度要求进行设定。加强保温和隔离措施,在有效控制货物温度的同时，防止外部环境对货物的损害，并确保冷藏空间内的相对湿度。通过使用精确的监测器，可以实时跟踪货物的温度和湿度，对异常状态可以进行及时警报和监测。建立智能化管理系统，将温度、湿度、气流等参数进行实时监控，通过设备的自动化控制，及时调整和优化预冷系统的运行，以提高效率和服务质量。通过运用新的技术和设备，可以提高预冷站的运行效率和保证冷链产品的质量。同时，还需从设备的选择、运营和维护等多个环节综合考虑，确保设备的可靠性和安全性。

(5)注重铁路冷藏运输相关设备的更新换代

①确定经济合理的传热系数，提高车体隔热性能稳定性。引进“一次注料原地发泡”工艺，用这种工艺制造的整体墙，夹层中不用任何连接用的腹板和加强件，因而在相同的传热系数下可减薄冷藏车墙板厚度，增加有效容积，车体隔热性能稳定性较传统夹层结构提高。

②合理确定车体断面尺寸。目前机械冷藏车是按德国限界设计，车体较窄。应根据我国限界情况合理设计机械冷藏车断面尺寸，增大货物间有效容积，并考虑车顶为折线型车体，以利于参加国际竞争。

③研制先进机组，降低机械制冷能耗比。研制或引进由计算机控制、性能可靠、油耗低的制冷机组。研制双组分制冷机组，用柴油机驱动压缩机，并在结构上考虑速度提高后，风速对制冷、供电、换气设备的影响。

④开展新材料、新结构研究。玻璃钢具有重量轻(为钢的22%)、耐腐蚀、绝热性好、强度高、易修复、不需涂漆等优点，非常适合制造冷藏车。

⑤提高车体气密性。车体气密性对高速冷藏车影响很大，应研制气密性更好的车门，完善排水、通风结构。车门气密性提高

后，可将车门断面尺寸扩大，以利机械作业，缩短装卸车时间，提高货物质量。

5. 铁路冷藏运输管理分析

(1)国外铁路冷藏运输管理经验

①日本铁路冷藏运输管理经验。

目前，对蔬菜进行预冷处理在日本已经相当普及，蔬菜必须预冷处理后再储存、运输，未经预冷处理的蔬菜在市场上不受欢迎。而鲜果的预冷处理则比蔬菜少，一般采用压差式或强制通风式冷库对鲜果进行预冷处理，只有在高温季节成熟上市的鲜果，如草莓、梨、桃、葡萄等，才需要进行预冷处理。

日本全国各地的农协、经营生鲜农产品的批发市场和商店均设有冷库，批发市场和商店自身均可调控温度。高效制冷设施的建设和“产地预冷—低温运输—低温销售”的冷链流通措施的实施，是日本果蔬在无农药或少量农药条件下得以“品质优、腐烂少”上市的基本保证。

值得注意的是，早在 1975 年，日本就进一步提高了与冷链相关问题的研究，着重关注生鲜食品的温度与品质的关系、适宜的温度管理方法和低温流通设施，以及冷链装备的开发等问题。日本农林水产省专门成立了食品低温流通推进协会，研究整理出《低温食品的品质管理方法及低温流通设施完善方向》，制定了食品低温流通温度带，即生鲜食品的流通温度为－5～－4℃，并发行冷链指南，使生鲜食品冷链保鲜技术基本完善。

②美国铁路冷藏运输管理经验。

美国非常重视食品的安全管理和监督，食品安全问题由美国食品药品管理局负责。美国的安全管理措施是从预防开始，落实到企业，确定食品安全风险后，由专职部门进行检查，若在检查中发现问题，会快速做出响应。

美国根据各地的地理与气候条件建立蔬菜基地，负责大规模集中生产几种最适宜的蔬菜供应全国，形成了相对集中的蔬菜生产基地，其蔬菜总产量的90%左右分布在西南部、中南部、南部、北方地区四个区域，蔬菜生产地区呈现规模化、专业化，既有利于发挥各地区自然环境的优势，又有利于形成规模效应提高劳动生产率。美国蔬菜物流做到了从采收到终端始终处于所需的低温条件，形成一条“田间采后预冷—气调冷藏—冷藏运输—冷藏批发—超市冷柜—消费者冰箱”的冷链，这也与美国的农业生产以高度专业化、区域化和规模化运作有关。穿梭于城市间物流运输的各种货车，99%都是封闭式或冷藏冷冻封闭式车厢。

③德国铁路冷藏运输管理经验。

德国是欧洲国家中对食品管理标准最为严格的国家。在德国，负责食品安全管理的政府部门是联邦食品、农业与消费者保护部，执行机构是联邦消费者保护与食品安全局和联邦风险评估所。在食品安全和质检方面，通过完善的立法、严格的监督、严厉的惩罚等措施在农产品市场履行其监管职能。其中，联邦消费者保护与食品安全局负责对各联邦州开展食品安全监测，协助联邦州实施国家食品安全法规，建立统一的工作体系；农业合作社、食品工业协会、零售商协会等，担当农产品流通中“监督员”的角色；有关机构还对冷链物流系统中的运输工具进行例行检查，对冷链中的各种设备做具体的技术要求，包括容器和托盘的卫生标准等。同时，德国还成立了冷库和冷藏物流企业协会。这是一个由冷库和冷藏物流企业组成的协会，其成员包括保鲜物流服务公司、制冷企业和与之有关的商业公司、供应商。德国通过建立各种冷链标准，包括种蔬菜的土质标准，加强国家对整个食品冷链系统的监督和管理，以保证食品安全。进入流通领域的肉类、鱼类、蔬菜、瓜果，从产地或加工厂到销售网点，始终处在一个符合产品保质标准的冷藏环境中运输。在冷藏保鲜库中，全部采用风冷，风机在电脑的控制下调节库温。生鲜果蔬采用分级包装，贴上标签，在批发市场，无论是蔬菜还是鲜鱼、肉类均在良好的冷藏环境中存放。

(2)铁路冷藏运输管理策略

①因地制宜地选择运输方式。

不论在国外还是国内，易腐食品产销量均逐年上升，冷藏运输需求不断增加，这对构建食品冷链提出了迫切要求。在冷藏物流装备的选择上，欧美等西方发达国家和地区由于冷链构建完善，食品在产后即得到了良好的冷藏管理，因此在车辆类型的选择上以铁路隔热车为主，尤其是欧洲各国，由于国土面积小、运输时间短，这一趋势更加明显；俄罗斯则由于国土面积广阔，冷链基础设施有待完善，在车辆类型的选择上以铁路机械冷藏车为主，尤其是单节机械冷藏车，同时适度发展隔热车。在冷藏运输方式的选择上，各国由于具体情况的不同而侧重不一：在日本和欧洲地区国家，由于运输距离短，并且汽车具有灵活方便、时效性强等特点，公路运输取代铁路运输的趋势已越来越明显；在美国，中短途冷藏运输已基本由公路承担，但在长途运输方面，铁路仍然发挥着积极的作用；在俄罗斯，由于国土面积辽阔、基础设施不够完善，短途运输虽然逐步被公路分流，但是中长途冷藏运输仍然以铁路为主。我国国土面积与美国相近，基础设施水平则与俄罗斯相近。在冷藏运输方式的选择上，应当在借鉴他国经验的基础上，根据自身特点因地制宜地选择运输方式。受国土面积的影响，考虑到资源分布、产销联系和市场格局的特性，中短途冷藏运输应以公路为主，长途冷藏运输应以铁路为主。

②争取冷藏运输政策支持。

冷藏运输是铁路不可或缺的运输板块，市场潜力巨大、发展前景广阔，应力争得到国家和国铁集团的大力政策支持。首先，应比照公路“绿色通道政策”减免铁路冷藏运输的线路使用费，以创造公平的竞争环境。其次，应参照减免粮食、化肥等涉农产品铁路建设基金的措施，减免冷藏运输的铁路建设基金，以有效提高铁路冷藏运输的价格竞争力。再次，应在运输组织、运价政策、基地建设等方面给予铁路冷藏运输特殊的优惠政策，以适应冷藏运输的市场需求。

③强化市场营销和经营管理。

构建面向市场、反应灵敏、运转高效的营销网络，不断提高服务质量，切实增强营销队伍的自身素质和营销能力。加大市场营销力度，实施大客户战略，开展全程物流业务，强化返程货源组织，提高重去重回、三角运输、网络化运输的比例，大幅降低车辆空驶率。加强车辆日常运行盯控，提高车货衔接紧密度，有效降低车辆的无效调配和不合理调配。

④加快铁路冷藏物流基地建设。

铁路运输的优势是大批量、低成本、全天候、节能环保。要发挥铁路运输优势，必须建设以冷库为基础的铁路冷藏物流基地，利用冷藏物流基地的货源集散功能，为开展规模化运输、固定往返运输和网络化运输创造条件，有效降低车辆空驶。一方面，应在鲜活易腐货物到发量较大的地区投资建设冷库，完善仓储、加工和配送等冷链物流设施，形成以铁路冷藏物流基地为中心，辐射周边地区，实现铁路干线运输和区域配送优化组合。另一方面，应加强与地方政府的沟通，争取地方政府在冷藏物流基地规划、选址、投资、运营管理等方面的政策支持，在制定地方冷链物流发展相关规划时，将铁路冷藏运输与大型冷链物流园区、果菜批发市场同步规划、无缝对接。

⑤开展铁路全程冷链物流。

目前大部分食品生产企业采取物流整体外包的形式，而铁路冷藏运输提供的主要是“站到站”式运输服务，这是一种“坐商”式服务模式，而且两端缺乏冷藏物流基地和短途配送设施，容易形成冷藏“断链”。铁路冷藏运输要发展必须向全程物流方向拓展，依托铁路运输优势和冷藏物流基地，加强与大型果菜集散地、食品生产企业、冷库、冷链物流商的经营合作，整合社会冷链资源，主动参与食品企业的全程物流服务当中，变“坐商”为“行商”，形成铁路冷藏物流链。

第三节　铁路运输产品生命周期

一、产品生命周期的理解

如前文所述，一个完整的产品生命周期包括四个阶段：投入期、成长期、成熟期、衰退期。

在理解产品生命周期的含义时，应注意以下四个问题。

1. 产品生命周期与产品的使用寿命是两个不同的概念。

前者指的是产品在市场上存在的时间，是无形的、抽象的，其长短主要受消费者需求与偏好、科技进步等社会因素的影响。后者是指产品的自然使用时间，是有形的、具体的，其长短受产品的自然属性、使用方式、维修保养等因素的影响。

2. 产品生命周期是就整个市场或整个行业而言的。

一个企业的资料不能确切地反映某种产品的市场生命周期。即使是同一行业，产品的生命周期在不同的国家也可能是不同的。

3. 产品生命周期只是一条理论上的曲线。

在现实生活中，由于市场营销环境的变化及企业营销策略的改变，并不是所有的产品生命周期都完全符合这一典型曲线。有的产品可能一上市就进入成长期；有的产品可能没进入成长期就夭折了；还有的产品在经过成熟期后又进入快速增长阶段，呈现再循环曲线。

4. 科技含量越高的产品，其生命周期越短。

高科技必然导致产品更新换代更快，原有产品的生命周期就越短。

二、产品生命周期各阶段的判断和延长方法

(一)产品生命周期各阶段的判断方法

产品生命周期各阶段的判定是很困难的，在理论上尚无一定的标准，无法进行准确的计算，基本上属于定性的判断，带有较大的主观随意性。而且，要完整地描述产品生命周期，必须等到产品被市场淘汰后，根据历史资料来整理，但这对企业制定产品营销策略已没有意义。在产品生命周期变化的过程中，判断产品处于哪一个阶段，通常有以下三种方法。

1. 经验判断法

依据产品进入市场后销售量的变化判定产品所处生命周期的阶段。

2. 类比法

同先于该产品进入市场的类似产品的市场销售情况进行比较，做出判断。

3. 销售增长率比值法

用 ΔY 表示销售量的改变比率，$\Delta Y=(Y_1-Y_0)/Y_0$；用 ΔX 表示时间的改变比率，$\Delta X=(X_1-X_0)/X_0$，用 $\Delta Y/\Delta X$ 的值进行标准判断。

当 $\Delta Y/\Delta X$ 的值小于 10%时，属于投入期；

当 $\Delta Y/\Delta X$ 的值大于 10%时，进入成长期；

当 $\Delta Y/\Delta X$ 的值下降到小于 10%，并大于 −10%时，属于成熟期；

当 $\Delta Y/\Delta X$ 的值小于－10％时，产品进入衰退期。

(二)产品生命周期的延长方法

延长产品的生命周期是一个相对的概念，并不是延长它的各个阶段，而是延长其中能给企业带来较大销量和利润的两个阶段：成长期和成熟期。投入期和衰退期由于不能使企业增加较高利润，因而不仅不宜延长，而应设法缩短。延长产品生命周期的方法有以下四种。

1. 增加使用量：促使现有顾客增加产品购买率。

2. 变化使用：发展现有产品各种不同的用途。

3. 争取新客户：在保持现有客户的基础上，积极扩大市场，争取更多的新买主。

4. 寻找新用途：开发产品的新功能，给买主增加新的利益。

三、铁路运输产品生命周期各阶段的特点及营销策略

(一)不同阶段对应营销策略

产品生命周期的不同阶段有各自不同的特点，这就要求企业制定不同的营销策略与之相对应，以取得更好的经营效果。

1. 投入期

产品投放市场之初，许多人对其不熟悉、不了解，一般不敢贸然购买，只有少数人大胆试购，所以销售量较小，销售额上升缓慢。与此形成对比的是，企业为使顾客了解并接受这一新产品，需要花费大量的广告及促销费用，因此利润多为负值。

根据不同的情况，企业可采用以下四种策略：

(1)快速掠取策略，指企业采取高价格、高促销投入的方式推出新产品。高价是为了尽快收回投资，高促销投入是为了扩大产品影响，提高产品的市场占有率。这一策略比较适合潜在市场需

求量大、消费者急于购买该新产品且能够接受此价格、企业正面临潜在竞争对手威胁的情况。

(2)缓慢掠取策略，指企业采用高价格、低促销的方式推出新产品。低促销投入可以使企业获得更多的利润。这一策略比较适合市场容量不大、消费者已对新产品有所了解且愿意高价购买、潜在竞争威胁不大的情况。

(3)快速渗透策略，指企业采用低价格、高促销投入的方式推出新产品。实施这一策略是为了迅速占领市场，获得较高的市场占有率。它比较适合市场容量大、潜在消费者对该产品不了解且对价格很敏感、潜在竞争较激烈的情况。

(4)缓慢渗透策略，指企业采取低价格、低促销投入的方式推出新产品。这一策略比较适合市场容量大、消费者对新产品有一定的了解且对价格很敏感、潜在竞争威胁大的情况。

2. 成长期

随着时间的推移，了解和熟悉产品的顾客逐渐增加，早期购买者重复购买，晚期购买者也纷纷追随，市场需求扩大，销售量迅速上升。另外，产品已基本定型，具备了批量生产的条件，成本和推销费相应降低，企业开始获利并能迅速增加。但是，正因为新产品能够满足特定的市场需求并创造利润，竞争者开始加入这一市场，或模仿，或改进。竞争的出现是产品成长期的显著特点之一。

针对成长期的这些特点，企业可采取以下策略：

(1)不断提高产品质量，增加产品型号和种类，开发产品新的功能和用途。

(2)改变广告宣传重点。在这一阶段应以树立产品形象、争创名牌产品，在赢得老客户的基础上，进一步吸引和发展新客户。

(3)开拓新的产品细分市场，进一步扩大销售。

(4)适时降价。选择适当的机会降低产品价格，以吸引那些对价格敏感的消费者。

3. 成熟期

竞争的加剧既扩大市场的需求量，也使市场需求量趋向饱和。产品品种不断增多，企业的销售增长率减缓，企业生产能力过剩，市场供过于求，竞争十分激烈，价格战的出现，往往是产品成熟期难以避免的特点，与此同时，为占领市场，促销费用提高，因而利润由缓慢上升逐渐转为缓慢下降。

在这个阶段，企业应采取积极的对策，尽量延长成熟期。

(1)市场改良策略，即通过开发新产品来寻求新的客户以扩大产品销售。其主要方式有：挖掘产品新用途，开辟新的目标市场；刺激消费者，提高使用频率；为产品重新定位，寻找新的客户。

(2)产品改良策略，指通过产品自身的改变来扩大销售，具体包括提高产品质量、增加产品新功能，改变产品的外观、式样，提供新的服务等。

(3)市场营销组合改良策略，指通过营销组合中的一个或几个因素来延长产品的市场成熟阶段。一般采用降价、促销、增加销售网点、提高服务质量等方法刺激消费。

4. 衰退期

这一阶段，一方面消费需求在变化，另一方面企业竞争在加剧，两者所导致的必然结果是：一些竞争者会推出性能或规格品种较以前有所改进或不大相同的新产品，购买者随之转移了市场需求，使原产品的需求量和销售量由缓慢下降到迅速下降，利润不断减少；一些企业停止了该产品的生产，用户越来越少，以致最后该产品被迫退出市场。

对处在衰退期的产品，企业通常采用以下四种策略：

(1)维持经营策略，指企业继续采用以前的营销组合策略，保留原有的细分市场，直到产品从市场上完全退出为止。

(2)集中力量策略，指企业将资源集中使用在最有利的细分市场和最畅销的产品上，从而缩短战线，获得最大利益。

(3)榨取利润策略，企业通过减少销售费用，降低促销水平来增加当前利润。这一策略通常作为完全退出市场的过渡措施。

(4)转移经营策略，指企业停止现有产品的生产和经营，将资源转向开发新的产品的经营项目。

(二)不同阶段营销应注意的问题

产品生命周期理论反映了商品生产的客观规律，它为企业制定产品策略及其营销策略提供了重要的依据。企业必须根据产品在市场上销售变化情况，判定相应的市场营销策略，不断地改革老产品，开发新产品，才能牢固地占领市场，赢得客户，创造良好的经济效益。

因为运输产品有其自身的特点，因此，在考虑产品生命周期理论运用于运输市场营销中，必须注意这些特点，才能取得效果。

1. 在投入期，即推出新产品的初始阶段，必须要提高服务质量，从一开始便在旅客或货主心目中树立良好的形象。另一方面又需大力加强促销，既做广告，又搞公关，使尽可能多的人了解新产品的特色。在确定价格时，应以价格适中为限，避免价格的过高或过低。例如，在每次调整运行图之前，都应做好宣传工作，尤其要通过广告媒体，将新加开的列车车次、时间、停车站等情况告知旅客，使旅客对新产品有所了解。

2. 在成长期，经过一段时间的生产，运输新产品已被市场所接受，这时，首先应进一步完善产品，保证产品的质量，同时也要注意延伸服务项目的增加。这一时期的促销工作应放在两个方面：一方面从一般介绍转向创造客户忠诚和品牌声誉；广开销售渠道，方便客户购买。另一方面从定价方面来看，应注意竞争者动向，既不轻易降价，也要具有价格的灵活性。例如，全路客票系统的建立，先是在44个大站实行计算机售票；进而是京广、京沪、京哈三大干线的快车营业站实行计算机售票，而且增加了能发售中转票的功能；接下来就是建立地区客票中心，各站相互联网，发售往返票、联程票、异地票等，不断方便旅客，完善客运产品。

3. 在成熟期，企业除了应和成长期一样不断地完善产品、增加服务之外，还要寻求新的机会，开发新的市场，并对产品进行重新定位。例如，近几年铁路部门在春节运输期间开发了农民工客流市场，增设农民工购票窗口，开行农民工专列，成功地吸引了这部分客流。另外，强化促销，适当降价也是吸引潜在客户的方法之一。

4. 在衰退期，运输企业应主要考虑产品的转型，这不是指整个产品的转移或转轨，而是指个别不适应市场需求的“超龄”产品。只有弃旧，才能从新，开发新产品。例如，随着人民生活水平的提高，铁路客运中的“以棚代客”已很少有人问津，包括农民工客流，宁愿选择长途汽车，也不愿乘坐便宜的棚车。因此，“以棚代客”这种“产品”已经退出市场。同样，旅客慢车、零担货物运输等产品在市场无需求时，都应进入衰退期。

第四节　铁路货运绿色新产品开发

由产品生命周期理论可以看出，企业要想生存和发展、永远在市场上立于不败之地，不断地开发新产品非常重要。从短期看，新产品开发和研制似乎是一项耗费资金的活动；但从长期看，新产品推出和企业的总销售量及利润的增加成正相关关系。因此，铁路运输企业也应该把新产品开发作为一项长期的、经常性的任务来完成，不断推出新的服务项目、服务内容，使企业的总利润始终保持上升势头。

一、新产品的概念及类型

（一）新产品的概念

市场营销学中新产品的含义与科学技术领域里新产品的含义不完全相同，不一定都是指新的发明创造，其内容要广泛得多。从市场营销的角度看，只要整体产品中任何一部分的创新和改革使产品有了新功能、新特点、新结构，或者增加了新品种、新服务，能满足消费者新需求的产品，都可视为新产品。

（二）新产品的类型

新产品可以分为以下四种。

1. 全新产品

这是科技开发领域的新产品，指采用新原理、新材料及新技术，新组织方法而生产的产品，与现有的产品无雷同之处。这种新产品的开发与生产往往需要很长的时间，而且要耗费大量的人力、物力和财力。

2. 更新换代产品

更新换代产品是指在性能上比以前有重大突破的产品。换代产品的开发较全新产品的开发来得要容易一些，也能取得较好的效果。

3. 改良新产品

改良新产品指产品在材料、结构、性能、造型、颜色、包装等方面做出改进的产品，它是由基本型派生出来的改良产品，是企业依靠自身力量最容易开发的新产品。此类新产品占了新产品开发的绝大多数。如近十年来我国铁路的提速、新型车辆的使用，都为创造运输改良新产品提供了条件。

4. 模仿新产品

模仿新产品又称为本企业新产品，是指企业对自己没有生产过的、市场上已有的产品(包括国外市场)进行模仿而生产出来的产品。开发模仿新产品对于增强企业的竞争意识，扩大销售收入有很大影响。铁路运输企业可以研究航空运输、公路运输甚至国外运输企业所提供的各具特色的运输服务，更好地完善自己的产品。

二、开发新产品的要求

开发新产品应符合以下三方面要求。

(一)新产品要有新意、有特色

这是新产品开发的基本要求，因为不具备新意和特色就不能称之为新产品。

(二)新产品要有充足的市场

适应市场需求是新产品开发成败的关键。许多新产品的夭折就是由于没有足够的市场，因此在开发新产品时，一定要做好市场调查和预测，不可盲目。

(三)新产品要有相应的生产能力和销售能力

企业在开发新产品时，一定要考虑资金、设备、劳动力等生产条件是否齐备，以及销售网络是否通畅等方面的问题。否则，即使新产品开发出来也无法进入市场。

三、开发新产品的方式

开发新产品有许多方式，企业可以结合自己的实际情况合理进行选择。

(一)企业独立研制

企业独立研制是一种独创性的开发方式。企业根据国内外市场和消费者的需求，或针对现有产品存在的问题，独立研制出换代产品或全新产品。这种开发方式难度较大，需要较强的科技力量及雄厚的资金，不过一旦开发成功，企业便可获得技术上的领先地位，在市场上取得竞争优势。

（二）实行技术引进

实行技术引进是指直接引进已有的先进技术从事产品开发。这种方式缩短了开发时间，节省了费用支出，比较适合研究能力弱而制造能力强的企业。

（三）独立研制与引进技术相结合

当企业已具备一定的科研基础，而外界又有开发这类新产品的先进技术时，适宜采用独立研制与引进技术相结合的方式。

四、新产品开发的基本程序

（一）新产品开发的主要阶段

企业开发新产品要承担很大的风险，为了减少风险，就必须按照一定的科学程序来进行。新产品开发一般可分为七个阶段，如图 2-24 所示。

1. 构思

构思是对新产品基本轮廓结构的设想，没有构思就不可能生产出新产品，但是，并不是任何一个构思都能符合市场的真正要求，从构思变成现实产品，要经历一个艰难的过程。构思往往可以从客户的要求、竞争对手的产品、中间商的建议、企业内部营销管理人员的建议及科学技术的进步中获得。

2. 筛选

有了新产品的构思，还要根据企业的目标和能力对其进行筛

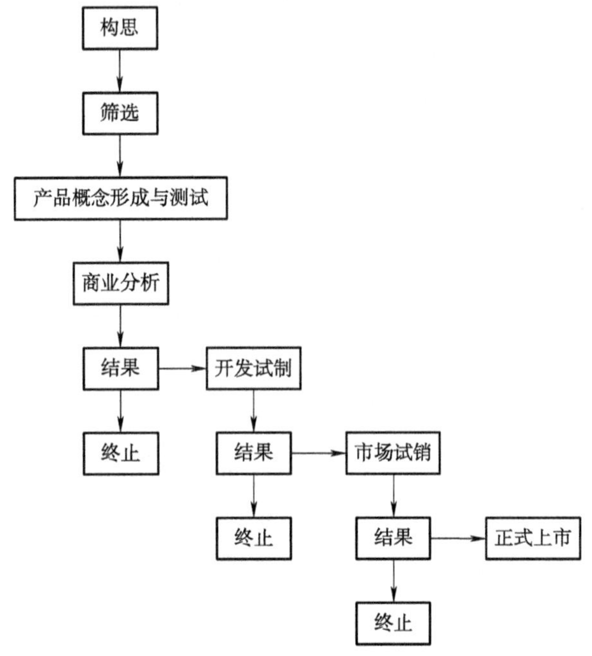

图 2-24　新产品开发程序

选。筛选的主要目的是在尽可能早的时间内发现和放弃错误的构思。

3. 产品概念形成和测试

产品概念和产品构思是有区别的。产品概念是针对消费者的构思的具体化,它离现实的新产品又近了一步。一个构思可能转化成多个产品概念,企业要尽可能把能够成为产品概念的方案列出来,然后对产品概念进行定位,以确定最终的产品发展方向。之后应再对每一个产品概念予以定位,通过定位可能发现今后产品的竞争程度,使企业决定产品概念存在的可能性。

产品概念的测试是对客户的看法予以测定,即产品概念是否可行让客户来判断,这正是体现了以消费者为中心的营销观念。

4. 商业分析

商业分析就是经济效益分析,通过分析了解投产后新产品成功的可能性。新产品的开发最终是想为企业带来好的经济效益,如果一件新产品的投资开发将会亏本或无利可图,那么这件产品就是不值得开发。

5. 开发试制

产品构思经过概念发展与测试,又通过商业分析被确定是可行的话,将进入到具体的开发试制阶段。这是一个很关键的阶段,因为前面几个阶段的一系列活动可以说是“纸上谈兵”,而现在是要把新产品的设想变为现实的时期。新产品的开发试制应主要由企业的研究部门和生产部门进行,但企业的最高管理部门和营销部门也要共同参与,把握开发试制的过程,提供各种有用的信息,使新产品的开发试制顺利完成。

6. 市场试销

一件新产品试制出来后,不要急于推出市场,为降低消费者对新产品认识的偏差,企业应对试制出来的新产品进行试销。

市场试销的实质就是测试消费者对产品反映。通过试销,一方面可以进一步改进新产品的品质,另一方面可以帮助企业制定出有效的营销组合方案。

由于市场试销也要投入大量的资金,所以是否进行市场试销要判断试销费用与不试销费用带来损失额的大小,有一些特殊产品也可不经过试销直接推向市场。

7. 正式上市

正式上市是新产品开发的最后一个阶段,新产品进入这一阶段意味着产品生命周期的开始。

在新产品正式上市前，企业应做出以下几个决策，即在什么时间、什么地点上市，上市后采用何种促销策略。在新产品试销阶段，企业已经对新产品的营销组合方案进行了试验，在正式上市前，就要在试验的基础上，制定出一个正式的营销组合策略。营销组合策略是否正确将直接影响到新产品上市后的销售效果。从这一意义上来说，这一阶段是最重要的阶段。

(二)铁路货运新产品

铁路货运的新产品大多以提高运输效率、降低成本、增强安全性和可靠性为目标。以下列举一些铁路货运的新产品：

1. 智能化铁路货车：通过使用传感器、互联网技术和其他智能设备，铁路货车可以提高运输过程的可视性和控制性，以实现更高的运输效率和更优质的客户服务。

2. 基于互联网的物流资金流产品：这些技术和系统可以有效地处理货运和收款，从而更好地管理铁路货运业务的所有方面。

3. 铁路物流信息系统：系统通过实时跟踪和监管铁路货运业务的各个方面，包括控制、运输、管理和报告，以便快速有效地解决运输中的问题和提高运输效率。

4. 铁路货物保险：铁路货物保险通过为铁路货物提供全面的保险保障，增强了铁路货运的安全性和风险管理能力。

铁路货运正在通过新技术和产品的创新，提高其效率、可靠性和安全性，更好地满足客户的需求。

五、企业开发绿色产品

(一)绿色产品的特征及开发意义

1. 绿色产品的内涵与特征

绿色产品是指在其生命周期全过程中符合特定的环境保护要

求，对生态环境无害或危害极小、资源利用率高、能源消耗率低的产品。作为面向未来，促进人类社会可持续发展的一种消费趋势，绿色产品的发展前景极为广阔，绿色消费正成为大众消费的时尚。绿色产品具有以下三个重要特征：①环保性，在产品生产到使用乃至废弃及回收处理的各个环节均对环境无害或危害很小。②节能性，绿色产品在其生命周期全过程能有效地利用能源。③有效利用资源，绿色产品开发注重尽量减少材料使用的种类与数量，特别是稀有贵重材料及有毒有害材料。

2. 绿色产品开发的意义

(1)绿色产品开发的生态意义

由于环境恶化，生态系统受到严重威胁，人们开始致力于绿色产品的开发。我国目前因工业“三废”和农业化学物质的污染导致的环境问题日益突出，绿色产品的开发有利于生态的可持续发展。以绿色食品为例，绿色食品开发需要环境良好的绿色食品生产基地，这就需要人们积极保护比较良好的生态区，以利于作为生产基地发展绿色食品。

(2)绿色产品开发的经济意义

绿色产品是应用绿色科技的最终体现，当前相当一部分消费者以购买绿色产品为时尚，促使企业以生产绿色产品作为取得经济利益的重要途径。绿色产业作为新兴的朝阳产业所能带来的经济价值是巨大而深远的。

(二)企业的绿色产品开发策略

1. 绿色设计策略

绿色设计是指以环境和资源保护为核心观念的设计，即在产品的设计中加入环境因素，并将其列于优先考虑的位置。与传统的产品设计相比，绿色设计不仅要考虑产品在使用中的性能和功效，而且要考虑产品在生产过程中对资源的消耗和对环境的污染情况，甚至还要考虑产品在使用或报废后的处置问题。例如，当今世界最流行的一种绿色设计称作“为拆卸而设计”(DFD)，即是从长远眼光构思开发产品，以便在产品使用寿命完结时，零部件可以翻新和重新使用，或者可以安全地将其处理掉，在全球垃圾废物等处理费用日渐增加的情况下，把产品设计得容易销毁和易于制造一样重要。绿色设计的基本要求是，将改善环境的努力融入产品设计中。这样设计的产品，在其生产过程中要使用安全的原材料，节约能源和资源，并尽量做到不污染环境；在其使用过程中不能危害人体健康和生态环境，而且做到耗能很低；在其使用或废弃后，可以拆解、回收翻新和重新利用，或者可以自然分解或生物降解。

为达到绿色设计要求，企业在进行产品设计时，应采取以下措施：

(1)在产品的材料设计上，注重安全和节省。其一是选择无毒无害、安全可靠，易于分解处理的原材料，以减少产品对人类和环境的危害；其二是节约使用原材料，少用或者不用稀有原料，多用边角下料、废料或再生物料，以提高资源的利用率。

(2)产品的工艺设计上，注重效率和减少工序。通过选用新工艺、新设备，达到节省资源和能源，降低废物排放的目的。同时，应尽可能减少加工工序，简化加工流程。

(3)在产品的形态设计上，注重短小轻薄。即尽量缩小产品的体积，减轻商品的重量，以降低材料消耗，同时要避免过度包装。

(4)在产品的功能设计上，注重节能和高效。即在提供产品的基本效用时，具有节电、节水、节能、省油和降噪等性能；同时赋予产品合理的使用寿命，延长其使用周期，达到高效利用的目的。

(5)在产品的结构设计上，注重简洁和再利用。一是尽量减少零部件的数量,简化产品结构;二是在产品报废后,易于分类处理,实施回收、翻新和再利用。

绿色设计是从未来着眼构思产品,不仅考虑产品在使用中的功效,而且考虑产品在结束“生命”阶段的处置问题。这样既可以有效防止自然资源的枯竭,还能减少垃圾的排放量。目前这种设计已迅速在全球范围内广泛推行。

2. 绿色制造策略

绿色产品的制造过程应该是一种“清洁”的生产过程。在这一过程中要按有利于生态环境保护的原则来安排组织绿色产品的生产。

绿色制造必须达到两个要求:一是通过综合利用资源和替代使用短缺资源,做到节约自然资源,减轻资源的耗竭;二是减少废料和污染物的生成与排放,促进产品在生产中与环境相容,降低对人类和环境的危害程度。为达到以上要求,企业必须采取以下绿色生产措施:

(1)采用“清洁”的能源和“清洁”的材料,实现清洁生产。清洁的能源包括常规能源的清洁利用、可再生能源的利用及新能源的开发,如风能、太阳能、潮汐能等;清洁的材料包括无毒无害的原料及中间产品。清洁利用可大大减少污染及污染物的排放。

(2)采用少废、无废的工艺和高效的设备。减少生产中废物的排放,以最少的投入、最小的污染获取最大的产出,高效率、低费用地处理必排的少量污染物。

(3)采用先进的绿色技术,保障绿色生产的顺利进行。通过采用先进的环保技术,降低原材料和能源的损耗量,减少生产中的排污量,降低排污费用;采用最新的生物工程、人体科学和智能技术,提高产品质量,生产出更多的绿色产品;采用工业自动化管理技术,实现简便、可靠的操作和控制,实现绿色管理。

3. 绿色包装策略

传统包装观念认为，包装除具有保护商品便于储运的基本功能外，还具有吸引消费者、促进销售的促销功能。因而传统包装的出发点是激发消费者的购买欲望，为满足消费者求新、求奇、求美的心理需求，不惜采用豪华、精美和过度的包装，而不考虑包装对环境和资源的不良影响。绿色包装以环境保护为首要出发点，在包装设计和实施过程中，考虑对环境的影响问题；在材料选择上选用无毒害和可分解或再生利用等包装材料；在包装风格上，追求单纯化、简单化，避免过度包装；在包装策略上，坚持4R原则，即减少使用包装材料（reduce）、回收（reclaim）、复用（reuse）、再循环（recycle）。

企业在设计产品包装和实施绿色包装中，应该采取以下措施：

(1)改变传统的包装观念。从以刺激购买为包装的主要出发点，转向以保护环境资源为主的绿色包装观念；从追求精美、繁复的包装，转向追求简单、环保的包装。这样既可以减少资源的消耗量，保护了环境，又切实减轻了消费者负担，维护了消费者利益。

(2)在包装设计中加入环保意识。一是在包装材料的选择中，本着对环境有利，对节约资源有利的原则，尽可能选用可循环和再生利用的材料；二是在包装装潢设计中加入绿色因素，即包装外观具有浓厚的生态气息，包装上的文字应增加环保宣传和正确处理废弃包装物的说明，“保护环境，人人有责”“可回收使用”等。

(3)采用新型包装材料。当今世界的绿色材料开发不断翻新，开发成果层出不穷。企业应注意采用这些最新成果，取代传统包装材料，如用新型无毒无味、可自然分解的BOPS包装物取代传统的PVC(聚氯乙烯)，用麦秆为原料制成的新型材料取代聚乙烯泡沫，以减少“白色污染”。

4. 绿色标志策略

企业在开发出绿色产品以后，应积极争取“绿色标志”。“绿色标志”又称“环境标志”，它是一种张贴或印刷在产品及其包装上的特定图形符号，标明该产品不仅质量合格，而且在生产、使用和处置过程中都符合环境保护的要求。绿色标志是对产品环境性能的一种公证式鉴定，也是对产品的全面环境质量的评价。

现在许多国家和地区都实行绿色标志制度。如德国著名的“蓝色天使计划”(Blue Angel)、加拿大的“环境选择方案”(ECP)、日本的“生态标准制度”等；国际标准化组织(ISO)也将公布在全球范围内实施的 ISO/DIS14000 系列环境体系认证标准，促使环境管理制度、环境标志、环境评价等方面标准的国际化。

绿色标志一般由绿色产品的生产者自愿提出申请，由权威的环境标志认证机构进行认定和授予。其标准由技术专家根据产品在各生命周期阶段对环境的影响分析来制定，包括初始原材料准备、生产制造、包装销售、消费者使用直至全部报废的全过程中，制定对大气、土壤、水源、能源等影响的一系列环保标准。

企业获得绿色认证的途径。企业要想获得绿色标志，首先，要组织专门人员研究和掌握有关的环保法规，制订本企业的环保规定和环保标准，以便明确方向，力争达到标准。其次，要在产品的设计、生产、使用过程中，尽可能减少对环境不利的因素，做好节约能源，减少原材料消耗，综合利用有限资源的工作。再次，对于获得绿色标志的产品，应在产品的商标、标签、标志等的形状设计、图案绘制、文字说明等方面充分体现企业及其产品的绿色特征，显示出其绿色形象。但需注意的是，说明要符合企业及产品的实际情况，不能夸大其词，或使人产生歧义和误解。

第五节　铁路运输产品品牌策略

一、品牌的含义

所谓品牌，是指生产企业给自己的产品规定的商业名称，是一个名字、术语、符号、标记、图案或它们的组合，用以区别本企业或其他企业的产品或劳务，以突出品牌核心品质的地位。

品牌应有名称、标志和商标三部分内容。名称是品牌中可以用文字、数字表达的即可发声的部分，例如旅游列车的“北戴河”号、“三峡”号等；标志是品牌中可以通过视觉被识别，但不能用语言称呼的部分，多以符号标识、图案设计来表示；一个品牌或品牌的一部分，经政府有关部门注册登记后，企业便享有某个“品牌名称”或“品牌标志”的专用权，品牌就成为商标。商标受法律保护，是企业的无形资产。

二、品牌的作用

品牌是整体产品的重要组成部分，是企业竞争强有力的武器。品牌对企业和消费者具有不同的作用。

(一)品牌对企业的作用

对从事市场营销活动的企业来说，品牌主要有以下作用：

1. 便于企业进行经营管理。如在广告宣传时就需要品牌，以突出和简化广告内容。

2. 有注册商标的品牌，具有排他性，可保护产品的特色，追究侵犯品牌产品的法律责任。

3. 品质优异的品牌，可以为企业创造良好的形象，使企业不断追求其产品的高质量，并约束企业的不良行为，督促企业着眼于长远利益、消费者利益和社会利益，规范自己的营销行为。

4. 品牌有助于市场的细分和定位，企业可按不同的细分市场的要求，建立不同的品牌，以不同的品牌分别进入不同的细分市场，针对性强，利于进占、拓展各细分市场。例如，铁路运输企业在细分市场时发现，北京至北戴河间的旅游客流既有较富裕的阶层，也有工薪阶层，因此开行了两趟旅游列车，一趟使用新型空调车，车内设备先进，票价较高，取名为“北戴河”号，在夏季上座率极高；另一趟使用普通车，票价只有“北戴河”号的 1/3，因此取名为“百姓”号，这趟列车在双休日时，几乎趟趟满员。通过这个例子可以看出，品牌绝不等同于优价，但品牌一定是最有销路的、在客户中有较高信誉的产品名称。

（二）品牌对消费者的作用

品牌除了对生产者非常重要之外，也给消费者带来不少益处：

1. 品牌便于消费者识别、辨认所需商品或服务，有助于消费者选购商品，以获得稳定的购买利益。

2. 企业为了维护自己品牌的形象和声誉，都十分注意恪守给予消费者的利益，并注意同一品牌质量水平统一化。因此，消费者可以在企业维护自身品牌形象的同时获得稳定的购买利益。

3. 品牌产品为了适应市场竞争变化，必然会不断地更新和改良，也就不断地满足了消费者变化的需求。

三、品牌设计原则

一个品牌的成功与否，与品牌设计密不可分。在品牌设计过程中，一般应坚持以下几个原则：

1. 为了便于消费者认知、传诵和记忆，品牌设计必须做到简洁醒目，易读易记。适应这个要求，不宜把过长的和难以读诵的字符串作为品牌名称，也不宜将呆板、缺乏特色感的符号、颜色、图案用作品牌。

2. 一个与众不同、充满感召力的品牌，在设计上还应该充分体现品牌的优点和特性，暗示产品的优良属性。

3. 品牌大多数都有其独特的含义和解释，有的用一个地方的名称，有的就是一种产品的功能，有的就是一个典故。富蕴内涵、情意浓重的品牌，能够唤起消费者和社会公众美好的联想，便于消费者的认同。

为了提高品牌的竞争力，超越竞争对手，品牌设计时，应避免雷同。

四、货运品牌策略在铁路运输产品中的运用

产品是否使用品牌，应视产品的特点而定。近些年来，越来越多传统不用品牌的产品纷纷品牌化，在市场上取得了较高的信誉和效益。铁路运输企业的产品也在品牌化方向上做过一些尝试。最近，一些铁路企业已在这方面做了许多工作，比如，有许多列车采用一些名胜、名人作为列车名称，也就是为自己的产品取名，这对其产品的促销很有意义。

在铁路货运市场份额下降的情况下，铁路运输企业可以利用富裕的运输能力，打出“名牌”产品，树立市场形象。

货运的品牌战略可以货物列车为中心，也可以货运站（货场）为中心，有以下两种形式。

（一）名牌货物列车

货物列车在消费者心目中的形象是“大、黑、粗、慢”，要创品牌，就必须改变这种印象。中欧班列、中亚班列是典型的名牌货物列车。

中欧班列是连接中国和欧洲的货物班列，也是“一带一路”倡议的重要组成部分。中欧班列已经开通了多条线路，如郑州—汉堡、重庆—杜伊斯堡等。

中亚班列是连接中国和中亚国家的货物班列，目前已经开通了多条线路，如乌鲁木齐—阿拉木图、西安—塔什干等。

在开行名牌货运列车时，也可采用行包专列的方法，改变列车的外部形象，固定车底使用，给人耳目一新的感受。同时，列车也应采用较新颖的名称，如西安东至成都东的“五定”班列可取名为“秦蜀”班列，提高广告与宣传效应。

(二)名牌货运站(货场)

货运产品的本质是服务，货运服务都是在货场中完成。因此，货场形象与工作的好坏，直接影响了产品的质量，尤其在同一枢纽地区有多个可以办理货运业务的车站时，货主就可以对货场进行选择。

名牌货场要应用现代化的管理方法和新的技术设备，提高工作质量和服务质量，保证货物安全，做到服务文明化、管理科学化、作业标准化、运输集装化和装卸机械化，使货场保持安全、文明、整洁、畅通。

名牌货场也应突出形象设计，比如房屋建筑均用统一的颜色，工作人员统一着装，优质服务，以引起货主的关注。

第三章 铁路货运产品价格策略

本章主要介绍运价的构成、影响运输企业定价的因素、企业的定价目标、定价程序和定价方法，以及在市场经济条件下，运输企业应如何灵活、适度地运用定价策略，促进企业提高市场占有率，提高利润。

铁路运输产品价格（简称铁路运价）是铁路运输企业市场营销组合的一个重要变数，也是最复杂、最敏感的市场因素。尽管非价格因素在铁路运输市场营销中对消费者购买抉择的影响日趋上升，但是价格依然是决定铁路运输企业市场份额、赢利率的最为根本的因素。它直接关系到铁路运输市场需求量的大小和利润的高低，并影响着营销组合的其他因素。铁路运输市场营销对运价的研究主要是在动态环境中如何遵循市场价值规律，制定好本企业运输产品的价格，并着重考察消费者对运价的反应程度及市场竞争情况，灵活、适度地应用各种价格策略，从而促进企业提高市场占有率，提高利润。因此，运价策略问题理所当然是铁路运输企业营销活动中十分重要的问题。

第一节 铁路运输产品价格的构成

一、铁路运价的含义

价格是产品价值在市场交换中的货币表现。一般产品价格是由该产品所消耗的生产成本、交纳的税金、合理的利润及流通费用四个要素构成，公式表示如下：

产品价格＝生产成本＋流通费用＋利润＋税金

运输产品的价值由三部分构成：一是运输企业生产过程中消耗的生产资料的物化劳动的价值量；二是运输生产者为自己劳动创造的价值量；三是运输生产者为社会创造的价值量。前两部分由材料、燃料、电力、工资等运输支出体现，第三部分构成运输盈利，包括税收和运输利润。从理论上讲，铁路运价即客运运价和货物运价，是铁路运输产品价值的货币表现。

二、运价的结构

（一）邮票式运价

邮票式运价，即在一定的区域内，不论运输距离长短和运输对象的性质如何，只收取同样的价格，就像邮票一样。邮件及某些货物的运输，市内客运中的公共汽车、电车、地铁、市郊列车常采用这种运价结构。但这只能在比较少和相当特殊的情况下适用，而且邮票本身也是有距离意义的，市内、外地及国际邮费之间有很大差别。

（二）里程式运价

里程式运价是最简单也是最基本的运价结构形式，即运输费用是随着运输距离的延长而增加的，按距离远近制定运价。但绝大多数里程运价的运价率是按递远递减原则制定的。因为运输距离长时，分摊到单位运输成本低。相反，运输距离短，分摊到单位运输成本高。即单位运输成本是随着运输距离的延长而逐渐降低的。

（三）基点式运价

基点式运价是把某一到达站作为基点，并制定基点运价，运费总额是从发站到基点的运费加上从基点到终点站的运费。

(四)区域共同运价

区域共同运价也称为成组运价系统，是将某区域内的所有发送站或到达站集合成组，所有在一个组内的各点都适用同一运价。即在每一个区域内部均采用邮票式运价结构，但对不同的区域之间，仍考虑运距的远近，采用里程式运价结构。

三、铁路货运产品价格构成及特点

(一)铁路运价影响因素

铁路运价影响因素主要有：运输成本、盈利水平、市场供求关系、运价政策。铁路运价受国家宏观运价政策的指导和监控。

(二)铁路货物运价管理体制

外部：政府指导价和市场调节价。

内部：国铁集团和各铁路运输企业分级管理。

(三)铁路货运产品价格构成

铁路货运产品价格又称货运运费，它由货物运价、其他费用和货运杂费组成。影响货物运价的因素有：货物适用的发到基价、运行基价、运价里程、计费重量等。

货运运价按照货物运输种类划分，可分为整车货物运输、零担货物运输、集装箱货物运输等，整车运价是以车为单位核收，零担运价是以 10 kg 为单位核收，集装箱运价是以箱为单位核收。各种类型货物运输的运价公式如下：

整车货物运价＝(基价 1＋基价 2×运价里程)×计费重量

零担货物运价＝(基价 1＋基价 2×运价里程)×计费/10 kg

集装箱货物运价＝(基价 1＋基价 2×运价里程)×箱数

式中的基价 1 又称为发到基价，基价 2 又称为运行基价，它们均属于铁路货物的运价率。

货运运价中还包括其他费用和货运杂费，例如，电气化铁路附加费、集装箱使用费、货物仓储保管费、篷布使用费、装卸车费、接取送达费、“门到门”运输服务费等。

(四)铁路货运产品价格特点

1. 铁路货运产品定价前提

目前国铁货物统一运价率由国家制定；地方铁路和非控股合资铁路，由地方价格管理部门定价；铁路散货快运、包裹(高铁快运)、货运杂费等实行市场调节价。

2. 铁路货运产品的定价空间

铁路货运企业可以为了保证市场竞争力和业务长期成长，将定价策略制定在符合市场需求的同时，注重成本控制和运营效率，运用市场竞争动态来制定良好的定价策略，并努力提高经营管理水平，增加市场信誉和质量。

(1)竞争力：当前，铁路货运在国内货运市场上存在着一定的竞争，由于其相对较快的速度、较高的准确度和适度的成本，铁路货运在某些领域中具有一定的市场优势，其中包括长途货物运输和大宗货物运输。这意味着铁路货运企业可以根据市场条件和竞争动态在价格方面进行一定的灵活性调整。

(2)成本控制：铁路货物运输公司的运营成本包括燃料费用、人工费用、铁路设备和配件维护费用等。为了确保运营的正常开展，铁路货物运输公司需要减少运营成本和提高效率。公司在产品定价方面可以通过有效控制自身成本来增加定价空间。

(3)地理位置：铁路货物运输公司需要考虑地理因素，根据货物从客户处到目的地的跨度、距离和难度等因素，制定不同的定价策略。

(4)市场信用:铁路货物运输企业的市场信誉和声誉对于其定价策略和空间也有很大的影响。信誉好并减少失信行为,会使得客户感到更加安心,并愿意支付更高的运费。

(5)政府出台的分级定价政策:这项政策规定了不同类型货物和不同业务类型的运输价格,铁路货运企业可以根据客户的需求,选择不同的运价标准。在运输品质和运费之间权衡后,制定合理的产品价格。

(6)税收政策的影响:税收政策也会对铁路货运产品的定价产生影响。政府可能为铁路货运等特定行业出台税收减免政策,以降低企业运营成本,影响产品定价。

第二节　影响铁路运输企业定价因素

从企业营销角度看,铁路运价的制定,不仅要符合经济学理论,而且要从铁路运输企业营销战略目标和定价目标出发,较多地考虑市场供求关系和市场竞争状况,还要考虑定价策略与营销组合中其他策略之间的协调关系,以及其他各种因素的作用。运价不可能是死板的,而应该是灵活和变化的,因此,选择定价目标成为铁路运输企业掌握市场营销的一个重要方面。

一、运输企业定价目标

所谓定价目标,是指企业通过制定特定水平的价格以实现其预期目的。定价目标的确定必须服从于企业营销总目标,并与其他营销目标相协调。具体的定价目标,一般可分为如下六种。

(一)利润达到投资额的一定比例

利润达到投资额的一定比例即以实现预期的投资收益率为定

价目标。投资收益率反映企业的投资效益，企业对于所投入的资金都期望在预期内收回，为此，定价时一般应在总成本费用之外加上一定比例的预期利润。在实际经济生活中，一些实力雄厚、竞争力强的大型企业常采用这种定价目标，如美国的通用汽车公司、杜邦公司等。

(二)追求最高利润

许多大企业经常采用以追求最高利润为定价目标。追求最高利润并不等于追求最高价格，而是指达到企业长期目标的总利润。因为价格高低只是企业利润的重要因素，但它并不是决定利润大小的唯一因素。企业利润的实现，归根到底取决于产品是否能够较快地卖出去。如果产品价格定得过高而卖不出去，利润也只是泡影而已，失去市场比少赚一些利润的损失更大。

但是，这并不排除大企业的某些产品在某种特定情况下(如企业或产品在市场上享有较高的声誉，竞争中处于有利地位时)，也可以用短期最大利润为定价目标，而把价格定得较高些。不过，获得短期最大利润只能是暂时的，因为对某种产品的高价垄断，在产品不断更新、市场竞争日趋激烈的情况下是不可能持久的。因此，还是以追求长期的最高利润为定价目标，才是比较稳妥的。

从长远的观点看，企业追求长期最高利润对企业、对社会均有好处。如果各企业追求长期最高利润，经营效率高的企业就会得到发展，为社会提供高质量的产品，而经营管理差的企业将被淘汰，竞争的结果使价格最终降到一个合理的水平上。此外，争取最高利润应从企业的总收益衡量，而不能根据每个单项产品来核算，这也是一个价格策略的问题。为了争取整个企业的最高利润，企业可以有意识地降低一些容易引起人们注意的产品的价格，借以带动其他产品的销售，甚至可以带动高价高利润产品的销售。

(三)保持或提高市场占有率

保持或提高市场占有率,是很多企业都采用的定价目标。因为市场占有率是企业经营状况和产品竞争力状况的综合反映。较高的市场占有率可以保证企业产品的销路,可以巩固企业的市场地位,从而使企业的利润稳步增长。因此,一些企业在保证一定利润率的情况下,常常把注意力集中在提高市场占有率上。为此,就要制定出对潜在客户有吸引力的较低价格,以开拓销路,实行薄利多销。

(四)保持价格稳定

以保持价格稳定而获得利润为定价目标。保持价格稳定,是达到一定的投资效益和长期利润的重要途径,因而,一些同行业中能左右市场价格的大企业,为了长期有效地经营该种商品,并稳定地占领目标市场,往往以保持价格稳定为定价目标,在稳定的价格中获取稳定的利润。这种做法对大企业来说,可以说是一种稳妥的保护政策。至于中小企业的同类商品的定价,虽不必要都向大企业看齐,但总要受同行业为首的大企业稳定价格的影响。一般来说,稳定价格可避免不必要的竞争,有利于达到企业的营销目标。

(五)应付竞争

以应付或防止竞争为定价目标。价格竞争是市场竞争的重要方面,所谓用价格去应付竞争,是一种相应对策,也就是用价格作为竞争的一种手段,以追求一定的定价目的。例如,竞相降价以争夺销路,及时调价以求地位对等,价格适当高于对方,以求树立声望等。

所谓用价格去防止竞争,就是以对市场价格有决定性影响的竞争者的价格为基础,去制定本企业的产品价格。或者与其保持一致，或者稍有变化，并不有意与之竞争，而是希望在竞争不太激烈的条件下，求得企业的生存与发展。

（六）维护企业形象

企业形象是企业的无形资产与财富，良好的企业形象是企业成功地运用了市场营销组合策略取得了消费者的信任后，长期积累的结果。以维护企业形象为定价目标，是指企业定价时，首先要考虑价格水平是否被目标消费者所接受，是否与他们的期望价格水平相接近，是否有利于企业整体策略的稳定实施。例如，有些企业的产品以价廉物美著称；有些企业则以高档优质称雄。其次，企业定价时也要顾及协作企业或中间商的利益，依靠他们的合作求得生存和发展。再次，企业定价要依照社会和职业的道德规范，不能贪图厚利侵害消费者的利益。最后，企业在定价时还要符合国家宏观经济发展目标，遵守政策指导和法律约束。

二、运输企业定价影响因素

（一）铁路运输企业营销组合

由于运价是影响铁路运输企业营销组合的因素之一，因此，铁路运输定价策略必须与铁路运输产品的整体设计、分销和促销策略相匹配，形成一个协调的营销组合。例如，根据低、中、高收入的旅客所能接受的价格范围，然后设计普通列车、空调列车、豪华列车等不同档次的客运产品。这里，运价是铁路客运产品市场定位的主要因素。

（二）铁路运输成本

铁路运输成本是铁路运输企业在生产经营过程中发生的各种耗费，是铁路营运生产过程中活劳动和物化劳动耗费的货币表现。在产品价格中，产品成本是产品价格的下限，是企业盈亏的分界线。产品价格必须能够补偿产品生产、销售等所有支出才能维持简单再生产。因此,成本是影响定价决策的一个重要因素。

许多服务企业,例如铁路运输企业,由于设备折旧的支出和运转设备所需员工的支出就有很高的固定成本。铁路运输营销人员需要了解成本特性如何随铁路运输服务产出的不同水平而变化,它对铁路运输定价具有重要的意义。

目前,铁路运价基本是国家确定的计划价格,在价格基本固定的情况下,控制成本或降低生产成本和流通费用是铁路运输企业主要的获利途径,也是铁路运输企业参与运输市场竞争的关键因素。

(三)运输产品生命周期

在铁路运输产品生命周期的不同阶段,市场需求和竞争状况不同,铁路运输企业的市场营销策略的组合也不相同。因此,对于处在不同生命周期阶段的铁路运输产品,要做出相应的定价决策。

例如,在铁路运输新产品的投入期,由于成本费用水平较高,因而该阶段运价水平较高在所难免。为防止运价过高影响产品销路,企业定价时应以补偿成本费用而不是以获取赢利为主要依据。

(四)铁路运输产品质量

铁路运输产品质量是影响铁路运价的重要内在因素。铁路运输产品采取何种运价策略,必须充分考虑运输产品质量与价格的关系,不得损害旅客、货主的合法权益。

仅就产品质量与价格的关系而言,企业有九种定价策略可以选择:报酬策略,为优质高价;渗透策略,为优质中价;超级买卖策略,为高质低价;高价策略,为中质高价;一般质量策略,为中质中价;便宜货策略,为中质低价;一锤子买卖策略,为低质高价;次货策略,为低质中价;廉价策略,为低质低价。质量与价格关系如图 3-1 所示。

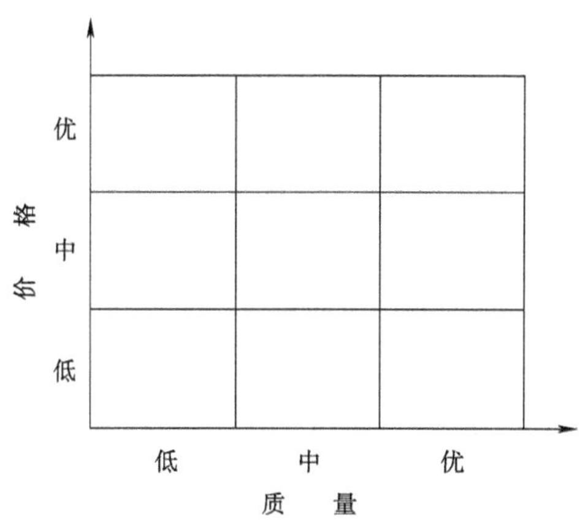

图 3-1　质量与价格关系

(五)运输市场竞争情况

铁路运输企业的定价在运输市场竞争中无疑是一种挑战性行为,任何一次价格的调整都将引起公路、航空、水运等竞争者的关注,而且运输市场的价格竞争也是愈演愈烈。随着高速公路、航空等行业的快速发展及他们采用的灵活价格策略,这些竞争者夺走了铁路相当大的市场份额,这与铁路运输企业价格机制僵化,无法真正起到调节市场供求的杠杆作用有很大关系。

因此,在激烈竞争的运输市场上,铁路运输企业定价时必须考虑竞争对手同种产品的价格和可能的价格水平。必须采取适当的方式了解竞争对手所提供的运输产品质量和价目信息,铁路运输企业对这方面的信息情报了解得越详细越好。企业只有通过合法的途径,尽量获取竞争对手有关的市场信息情报,才能比质比价,制定出具有竞争力的运价。此外,铁路运输企业还应考虑竞争对手对本企业运价变动的反应。

(六)运输市场需求状况

铁路运输成本费用决定了铁路运价的最低限度，但铁路运价的最高限度则取决于市场需求。因此，在定价时，必须了解运价与市场需求的关系，包括不同运输市场需求下的定价；运输消费者对运价与价值的理解；铁路运价与运输市场需求的关系；运输市场需求的价格弹性等。

运输市场需求的价格弹性，是指需求量变动的百分率与价格变动百分率的比值，其公式表示如下：

$$E_d=\frac{\text{需求量的变动率}}{\text{价格的变动率}}=\frac{\Delta Q/Q}{\Delta P/P}$$

式中 E_d——运输需求价格弹性；

Q——运输需求量；

P——运输价格。

旅客运输需求中生产性旅行需求的价格弹性较小，特别是客运中有相当部分运量属于出差、探亲等各种形式的旅行，这部分运量对价格的弹性较小，消费性旅行需求的价格弹性较大，但消费性旅行需求受收入水平高低的影响。人均收入高的国家和地区，由于运输费用占收入的比例较小，价格弹性小一些；而低收入地区，运价的变动对旅行者的影响较大，故价格弹性较大。

货物运输需求的价格弹性往往与货物价值有关，价值小的价格弹性较大，价值大的弹性较小。价格弹性的大小还同货物的季节性及市场状况有关。当某种货物急于上市销售或不易久存时，其运价弹性小，货主情愿选择运价高、速度快的运输方式，而不去选择运价低、速度慢的运输方式。

(七)其他外部环境因素

影响铁路运价的其他外部因素包括宏观经济状况、政府的政策、法令等，它们对铁路运价的制定都会产生一定的影响。例如，目前铁路运价的制定受政府因素的影响很大，在某种程度上说，仍是一种政府行为。铁路运价是国民经济价格体系的重要组成部分，它不仅关系着铁路本身的经济效益和国家资金的积累，而且也影响到国民经济各部门的发展。

第三节　铁路运输企业定价程序和定价方法

一、定价程序

企业定价是一个复杂而困难的决策，企业制定基本价格的程序一般包括以下五个步骤。

（一）选择企业定价目标

企业在不同市场条件下可有不同的目标，从而决定了不同的定价方法和策略。

战略目标是一个企业所追求的基本志向，企业的所有活动都以此为导向。战略目标是一个动态的概念，它的实现永无止境。价格是实现企业战略目标的手段之一，是作为一种保证条件出现。

企业的战略总目标确定后，就要进一步确定企业的战略分目标，也称为确定企业的定价目标。较总体战略目标而言，战略分目标更具体明确，并且有实现目标的期限。战略分目标是针对具体活动而设立的，也可能是针对几项营销活动（如定价和广告）而设立。

确定的目标是否恰当，不仅要看是否存在实现这一目标的强烈愿望，还要看实现这一目标是否对企业有利，以及是否存在实现这一目标的可能性。例如，增大企业的市场份额是一个很现实的目标，但当企业正面临具有成本和增长优势的竞争者时，这一目标无疑是不切实际的。除非企业能进一步降低成本,或开拓新的市场,推出更好的产品,建立更有效的分销渠道,否则它将无力应付来自竞争者的价格竞争。即使是没有竞争产品,如果大多数潜在顾客对其价格并不敏感,那么,把市场份额作为定价目标也是不恰当的。在这种场合下,市场份额目标应称为分销或促销战略的一部分。

(二)测定需求

测定需求的方法有两种:一是调查市场需求的结构,了解不同价格水平上消费者的可能购买数量;二是分析需求的价格弹性,即产品价格变动对市场需求量变动的影响。

(三)分析成本、顾客、竞争者等因素

影响产品定价的因素很多,但企业在定价的过程中应着重分析成本、顾客、竞争者及影响产品定价的环境。应仔细研究成本受销售量影响的情况,与现有顾客沟通,了解价格在他们的购买决策中所起的作用。还应分析竞争对手以往的定价特点及对本企业定价可能做出的反应等。

(四)选择定价方法

定价方法取决于企业的定价目标和影响价格的主要因素,不同的定价方法计算出的定价水平是不一样的。企业应根据市场情况、企业实力及企业面临的实际状况来选择最有利于企业发展的定价方法确定定价水平。

(五)确定最终价格

企业通过以上程序制定的价格可称为基本价格,企业还需要考虑其他有关情况,如政府的政策法令、顾客和中间商的要求、企业内部员工的意见等,采取各种灵活策略对基本价格进行调整,制定出最终价格，以期有效地实现目标。

二、定价方法

一旦考虑了基本定价目标，并观察了需求、成本、竞争对手的价格和成本及相关因素，铁路运输企业需要考虑的就是采用什么样的定价方法。

对铁路运输企业来说，在市场经济条件下，铁路运价既不能低得没有利润，也不能过高而没有需求，必须介乎二者之间。产品成本为价格规定了最低限度，消费者对产品价值的评估和理解为价格规定了最高限度。因此，企业定价时必须考虑产品成本和市场需求两方面的因素。此外，还必须考虑竞争者的价格及其他各种内部和外部因素，并根据不同情况采取适当的定价方法，以定出最合理的、对企业最有利的价格。

（一）成本导向定价法

它是一种以成本为导向的定价方法，也是传统的、最简单的定价方法。它以成本或投资额为基数，加上要求达到的目标利润，确定产品的基本价格。这种方法一般可运用“收支平衡图”表示，在图中反映不同销售量时的总成本和总收益情况。图3-2是一个假设的“收支平衡图”，在该图中，固定成本是600万元，固定成本不随产量变动而变动。变动成本是随产量增减而增减的变数。总成本是固定成本与变动成本之和，所以图中的总成本线是在600万元基础上随产量增加而逐渐上升。总收入线是以原点为起点，随着销售增加而逐渐上升的，其斜率大小取决于产品价格。

在此例中，假定单价为15元时，企业至少要销售60万单位才能实现收支平衡，因为这时的总收入恰好等于总成本（见图3-2中

的收支平衡点 A)。如果企业的目标利润定为 200 万元,要达到这一目标,就必须销售 80 万单位的产品,这时的总收入为 1 200 万元,总成本为 1 000 万元,目标利润为 200 万元。当然,如果企业将单价定得高于 15 元(如 20 元),销量下降一些也可达到既定的利润目标。但如果定价太高,导致销量下降幅度太大,就不能实现利润目标。

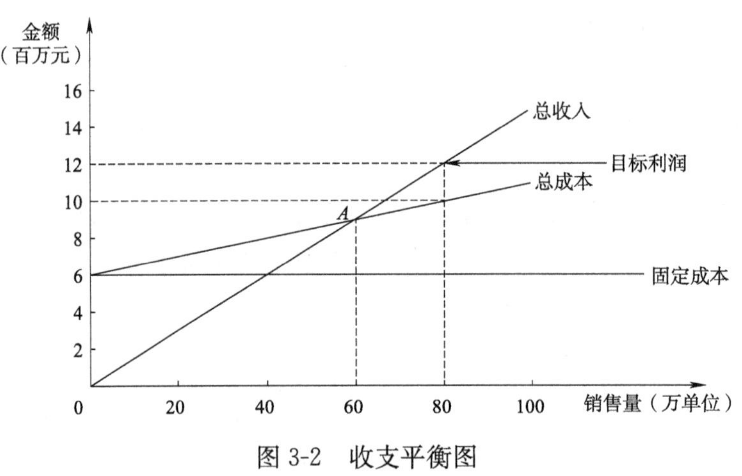

图 3-2　收支平衡图

目标利润定价法的优点是计算简便易行,减少企业经营风险;企业能够对价格进行控制,获得预期利润。

目标利润定价法的不足是基本上以生产观念为中心的产物,忽视了市场需求和竞争状况,不考虑价格弹性和竞争者价格。

由于在实际中旅客和货主最关心的是自己的成本,而不是运输服务提供者的成本,再加上成本在服务行业有时是很难估算,铁路运输企业有时使用相同的资源提供一定范围的服务,因此,这种定价方法在市场经济条件下,对铁路运输企业来说,具有很大的局限性,不能作为唯一的定价方法。

(二)需求导向定价法

需求导向定价法又称市场导向或顾客导向定价法。它根据消费者对产品价格的认识和需求程度来决定产品的价格,而不是依据卖方的成本定价。这是一种伴随营销观念更新所产生的新型定价方法。采用这种方法定价,价格与价值的背离幅度必然更大一些,但仍以供求双方可以接受为限度。这种定价方法主要有以下两种形式。

1. 理解价值定价法

理解价值定价法是根据顾客对铁路运输服务的价值观念或感受、理解(而不是根据铁路运输产品的成本)来进行定价的方法。有些铁路运输营销人员认为,把顾客的价值判断与运输的成本费用相比较,定价时更应该侧重考虑前者。从铁路运输产品整体概念看,它好像一个有原子核在中间的原子,被一系列有形或无形的特性、表征和利益(即边缘产品)包围着核心产品。如图 3-3 所示,它表明核心产品可能占据所提供服务成本的 70%,但可能只有 30%能够影响到顾客。相反的是边缘产品可能只占据 30%的成本,但可能有 70%影响到顾客。因此,顾客在购买铁路运输服务产品时对铁路服务的感受非常重要,愿意为感觉到的服务好处,特别是在品牌形象、品牌价值和服务质量等以边缘产品形式提供的服务好处,支付额外费用。

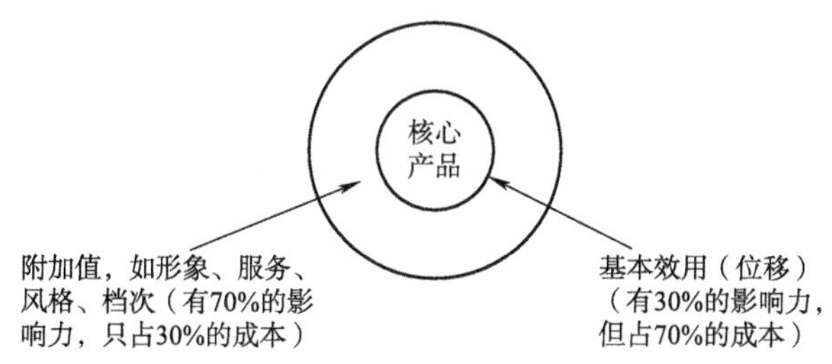

图 3-3　边缘产品概念

这种定价方法要充分考虑顾客的消费心理和需求弹性。例如，需求弹性大的产品价格可定得低些，需求弹性小的产品价格可定得高些。又如，对于铁路运输企业提供的精品列车、豪华列车等，顾客会另眼看待，定价就可高一些；相反，对一些普通列车、大众化的服务消费，定价就要低一些，才能被顾客所认可。

因此，铁路运输企业应有计划地搞好运输产品的市场定位，在质量、服务、广告、包装、档次及价格上，为产品树立一定的形象，以求实现预期的价格与利润。

2. 区分需求定价法

区分需求定价方法是指对同一质量、同一服务内容、同一规格档次的运输产品，针对不同需求的顾客，而采用不同的价格。也就是说，价格差异并非完全取决于成本的多少，有时取决于顾客需求的差异，即以销售对象、销售地点、销售时间等条件变化所产生的需求差异作为定价的基本依据。因此，铁路运输企业使用这种定价法时，要充分考虑顾客需求、顾客心理、品牌差异、地区差别、时间差别等，而制定出灵活的价格。这类定价方法主要有以下三种形式：

(1)对不同的销售或服务区域，可以规定不同的地区差价。例如，铁路运输企业可实行区域运价和地区差价。

(2)对不同的顾客群，可采用不同价格。例如，对旅游、会议等各种团体票、寒暑假师生团体票、返程票实行优惠价。

(3)对不同季节、不同时间的运输产品，可以规定不同的运价。例如，对铁路运输的旺季和淡季、平时和节假日、白天和夜间可制定不同的收费标准。

(三)竞争导向定价法

竞争导向定价法是一种主动竞争的定价方法，它依据的是市场上竞争者（主要是市场领先者）设定的价格。首先将运输市场上其他运输方式提供的竞争产品价格与企业估算价格进行比较，分为高于、相同、低于三个层次。其次，将本企业运输产品、服务质量、服务方式、方便、快速、安全等方面与竞争产品比较，分析造成价格差异的原因。再次，根据以上比较，确定本企业运输产品的特点、优势及市场定位，在此基础上，按选定的定价目标确定产品价格。最后，跟踪竞争产品的价格变化，及时分析原因，相应调整本企业产品价格。

其主要特点是：只要竞争者价格不变，即使成本或需求发生变化，价格也不动；反之，只要竞争者价格发生变化，即使成本或需求不发生变化，价格也要及时做出相应调整。

第四节 铁路运输企业定价策略

一、新产品定价策略

定价策略一般要随产品生命周期的变化而相应改变。在产品生命周期的各个阶段中，处于投入期的新产品的定价策略，是一个十分重要的问题。

在激烈的运输市场竞争中，铁路运输企业为增强自身的竞争优势，提高自身的竞争能力，在不断改善原有运输产品的基础上，还必须根据运输市场的需要，研究、开发一些铁路运输新产品。例如，根据运输市场需要，开行“双优”列车、豪华列车、准高速和高速列车、旅游列车、节假日列车、学生专列、球迷专列等；在继续开好现有的“站对站”班列的基础上，开行集结时间短、货源稳定的技术站间的快运班列，扩大开行范围，在全路形成快运班列网络等。

对这些铁路运输新产品采取何种定价策略，是一个不可忽视的问题。它关系到增强铁路运输新产品在运输市场竞争中对顾客的吸引力，提高新产品的市场占有率。常见的新产品定价策略有以下两种。

(一)高价策略（撇脂定价策略）

在新产品促销阶段以高价投放市场，在短期内获得高额利润，以便尽快收回投资，这如同先撇取牛乳表面那层最富营养的脂肪一样。采用此策略的条件是产品质量过硬，又系新产品上市初期，而且没有强有力的竞争者，此策略优点在于能满足部分猎新求异的消费者心理需要，高价高利。在产品过了成长期而进入成熟期甚至衰退期后可适当降价，能赢得消费者好感。缺点是定价高，有一定风险，容易招致顾客不满，引发激烈竞争。

例如，沪宁线（南京至上海）的普通列车硬座票价 23 元，软座票价 46 元；旅游列车硬座票价 46 元，软座票价 77 元；快速列车硬座票价 66 元，软座票价 80 元。新开行的特级列车硬座票价 72 元，一等座 86 元，特等座 128 元。沪宁高速公路上的公路客运票价：普通车 63 元，豪华大巴 88 元。特级列车采用的就是高价策略。

(二)低价策略（渗透定价策略）

在新产品投入阶段以低价投放市场，便于迅速扩大销量、提高市场份额。所谓的“低价”，指产品定价上限不高于竞争对手同类产品价格，下限不低于新产品的成本。此策略优点在于低价微利，给竞争者以“无利可图”之感，阻止竞争者的加入，价低容易占领市场，较快建立品牌知名度。缺点是价低利薄，投资收回期长。采用此策略的条件是产品需求弹性大、市场已被他人领先，或是企业为了排斥竞争和开辟新市场。

二、价格调整策略

在计划经济条件下，铁路运价管理高度集中，体制过于僵化，使铁路运输长期在低运价、高负荷状态下生产经营。在这种情况下，国家对铁路运输实行长期的政策性亏损补贴，但并没有根本解决铁路运输在经济发展中的“瓶颈”问题。虽然保持铁路运价稳定，有利于国民经济的发展和社会的稳定，但铁路运价不可能一成不变，运输市场是动态的，铁路运价也应随着市场的变化而及时调整。这是价值规律在铁路运输生产经营活动中的具体体现，也是最基本的运输市场运动规律。因此，价格调整策略是铁路运输企业适应市场竞争的一种重要的价格策略。

（一）价格调整策略的含义

所谓价格调整策略，就是铁路运输企业在不断变化的市场竞争环境中，采取价格调整方式（降价或提价、下浮或上浮），来适应运输市场的一种价格策略。

（二）价格调整的形式

1. 调低价格策略

调低价格的原因主要有以下三点：①产品供过于求，造成大量积压，占用大量流动资金，企业为了摆脱困境，保持生产正常进行，应采取降价策略；②在激烈的市场竞争中，企业的市场占有率逐渐降低，为了夺回失去的市场和占有更大的市场，也可采取降价策略；③产品成本降低，继续按原价出售，虽然可以得到超额利润，但市场占有率不高，总利润额不能得到较快增长，为了扩大市场占有率，也可采取调低价格策略。

2. 调高价格策略

调高价格策略的原因主要有以下两点：①产品供不应求，企业的生产不能满足市场需求，采用调高价格策略，能促进生产发展，限制消费，从而实现供求平衡；②由于使用原材料价格上涨等原因造成产品成本提高的情况下，企业应考虑提高价格。

3. 产品生命周期各阶段的调价策略

采用这种策略时，在投入期采用与新产品定价策略相同的策略。在成长期，产品价格一般保持平稳，但在市场竞争激烈或经济形势不佳时，适当降低产品价格，这样既可增加竞争对手投入市场的困难，又可吸引更多用户，迅速扩大产品销售量。而在成熟期，产品竞争最激烈，运用价格手段提高产品竞争能力是不可忽视的策略。这时产品具有性能好、物美价廉等特点。因此，企业在降低成本的基础上，适当调低价格，可增强产品竞争能力，扩大市场占有率。在衰退期，该产品已没有什么希望，可采取大幅降价措施，迅速将产品销售出去。

（三）铁路货运产品的价格调整策略

目前，铁路运价的调整基本上由国家控制，铁路运输企业调节有限。而公路、水路、航空则能充分利用价格杠杆的作用，进行浮动价格调整，增强竞争力，抢夺市场份额。例如，公路运输采用淡季价和旺季价，进行上下浮动。水路运输可以根据市场的行情自行确定运价，根据客户提供的运量大小、单位体积货物的轻重、运输时间要求及运输淡旺季实行双方面谈判，基本上做到双方满意。另外，一些地方铁路（包括合资铁路）具有灵活的运价政策，可以根据货物品类、地区差别、行业运输环境、季节特点、车种别等不同条件，制定相应的运价政策。

随着铁路运价改革的发展，在运价形成机制和运价管理权限方面，进行了有益的探索和尝试，初步形成在统一运价基础上，新路新价、优质优价、浮动运价、区域运价及专项成本补偿运价等多种运价形式并存的局面。因此，铁路运输企业开展市场营销时，应在国家宏观调控下，根据市场经济和铁路运输的规律，采取适当的变价策略，促使铁路运输企业充分发挥价格优势，增强市场竞争能力。

1. 对空车方向顺路装车、大批量运输，或在某些线路区段与其他运输方式进行竞争时，可实行运价下浮。

2. 为促进集装箱运输发展，提高铁路与公路、水运的竞争能力，对集装箱回空装运大宗货物实行优惠运价。

3. 对不同季节、不同时间的运输产品，可以实行不同运价或收费标准。例如，在运输旺季实行运费上浮，运输淡季运费下浮，运用价格杠杆调节运量变化。

但是应注意，由于铁路货运价格的调整与整个社会化大生产和国民经济相适应，并考虑货主、企业的生产经营状况和对货运产品的需求情况，不能盲目变价。

三、心理定价策略

心理定价策略是运用心理学原理，根据不同类型的用户在购买运输服务时的不同消费心理来制定价格以诱导用户增加购买的定价策略，其主要策略有以下两种。

(一)分级定价策略

分级定价策略即在定价时把同种运输分为几个等级，不同等级采用不同的运输价格。这种定价策略能使用户产生货真价实、按质论价的感觉，因而较易为用户接受。采用这种定价策略时，等级划分不能过多，级差也不能太大或太小，否则会使用户感到烦琐或显不出差距而起不到应有的效果。

(二)声誉定价策略

声誉定价策略是根据用户对某些运输企业的信任心理而使用的价格策略。有些运输企业在长期市场经营中在用户心中树立了声望,如服务态度好、运输质量高、送达速度快等,因此这些企业可以采用比其他企业稍高的价格。当然,这种价格策略要以高质量作保证,否则就会丧失企业的声望。

四、折扣定价策略

折扣定价策略是企业为鼓励顾客大量购买、淡季购买、及早付清货款等,还可酌情降低其基本价格,这种价格调整叫作价格折扣,主要有以下六种。

(一)现金折扣

企业对以现金付款或提前付款的用户给予一定比例的价格折扣优待,以促进确认成交,加快收款,防止坏账。

(二)数量折扣

因用户托运货物数量大、购买客票多所给予的折扣优惠。数量折扣又分为累计数量折扣和一次数量折扣,前者是规定在一定时期内,购买量达到一定数量即给予的折扣。这一策略鼓励用户大量或集中向本企业购买。

(三)季节折扣

运输生产的季节性很强,在运输淡季时给予一定的价格折扣,有利于刺激消费者均衡需求,便于企业均衡组织运输作业。

(四)代理折扣

运输企业给运输中间商(如代理商、票务代理)的价格折扣,以便发挥中间商的组货、组客功能,提高企业的市场占有率。

(五)回程和方向折扣

在回程或运力供应富裕的运输线路与方向，给予价格折扣，以减少运能浪费。

(六)复合折扣

在竞争加剧环境下，同时采用多种折扣组合，争取顾客购买，如给予货主或旅客在本企业办的饭店、旅馆中的优待等。

五、差别定价策略

差别定价是企业根据不同顾客群、不同的时间和地点对同一产品或劳务采用不同的销售价格。这种差别不反映生产和经营成本的变化，它有利于满足顾客不同需求和企业组织管理的要求。

六、控制价外收费

在市场经济条件下，铁路运输企业要在激烈的运输市场竞争中充分发挥运价的调节作用，发挥铁路运输的价位优势，一个重要而紧迫的问题就是整顿铁路客货运输收费，制止价外乱收费行为。

(一)价外收费

铁路运价包括基础运价、合理杂费、国家规定的建设基金，除此以外的收费称为价外收费。价外收费包括合理的价外收费(如货主所需要的延伸服务收费和省、部级以上政府依法规制定的收费项目)和不合理的价外收费(即乱收费)。铁路价外收费主要是以为货主增加服务项目的名义开展，延伸服务项目在一定程度上大大方便了货主，受到社会各界的好评，也为铁路运输企业带来了一定的经济效益。但是，一些不合理的价外收费也是显而易见的，主要表现在以下三方面：

1. 价外收费过滥。一方面，除收取基本运价、建设基金和杂费外，还有五花八门、名目繁多的价外收费。这样使铁路运费总水平不断攀升，有的超过运价和基金的几倍。另一方面，出现了只收费不服务、巧立名目多收费或乱收费现象，甚至强行收费，重复收费。例如，有些单位服务少，收费高；有些单位不服务也要收费；有些单位把车票切块分配，加收费用；有些货场，订单不是货主自愿填报，而是由工作人员划定，强行服务和收费；有些货物接取、送达业务，货主无能力承担，而铁路有关单位强行服务、强制收费等。

2. 多头收费。不仅运输主业收，多经、集经和各种协会也收；不仅发到站收，中间环节也收；不仅铁路自己收，还代地方收。有的收费从局部看是合法的，但总量不合理。

3. 价外收费不合理。铁路有关部门曾对郑州东站发往天津南站的一个 1 t 集装箱的收费进行剖析。结果发现，每吨公里的费用达 0.34 元，远远高于当时国家规定的运价，而与公路基本持平。如再进一步分析费用的构成，就会更清楚问题的症结。在货主所付的 225 元中，铁路运费 59.40 元，装卸费为 20.40 元，两项合计为 79.80 元，仅占 35.5%。其余 64.5%的费用为：货场服务费 8.10 元，铁路多经收费 51.70 元，地方搬运费 79.70 元，地方政府越权批准的收费 5.70 元。从中不难看出，其他费用已大大超过运费。

(二)不合理价外收费产生的原因

不合理的价外收费产生的原因是多方面的：一是铁路长期运价管理过于集中，运价体制过于僵化，铁路运价长期处于低运价状态。二是与铁路内部各利益主体的趋利行为有关。如为了各自的局部利益，站车之间，站场之间，主业、集经和多经之间会产生一些矛盾，各自本着自己的利益产生一些不合理的价外收费。三是与利润的分配不合理有关。这些原因，值得深入分析和研究。

（三）不合理收费的后果

铁路不合理收费的行为，使铁路原有的价位优势丧失殆尽，使愈来愈多的货主离开了铁路，铁路自己将市场拱手让给了竞争对手。不合理收费对铁路运输企业造成的危害是严重的、多方面的。

首先，严重削弱了铁路运输企业的市场竞争能力。铁路真正的运价并不高，但由于基本运价以外的收费项目过多过乱和收费水平过高，总体价格水平提高，使铁路失去了低运价的优势，逼走了货主，损失了货源，减少了铁路运输市场份额，成为铁路运输走向市场的障碍。

其次，损坏了铁路运输企业的形象，败坏了铁路运输企业的声誉。乱收费加重了货主的负担，货主意见很大，社会舆论反应强烈，给铁路运输企业的形象造成不良影响。

再次，滋生腐败，腐蚀干部职工。不少单位收费管理混乱，部分资金流入“小金库”和个人腰包，助长了腐败现象和行业不正之风。

因此，解决铁路不合理价外收费问题，已经成为关系铁路运输企业生存和发展的一项紧迫任务。必须清醒认识乱收费的严重性和危害性，增强危机感、责任感和紧迫感，采取积极有效的措施，努力整顿铁路货运收费，这样才能赢得货主的信赖，提高铁路运输市场占有率。例如，各车站、货场要尽快实行铁路货物运输服务订单制。服务订单中列明各项铁路运输服务项目，并明码标价，使用户按需要自由选择，逐项计算确定铁路运费、杂费和延伸服务收费金额，车站、货场向用户报价，并严格按照所列项目、金额使用铁路货票或运费杂费收据核收。各车站、货场不得超出订单约定范围以外再收取其他任何费用。这样才能真正实现一口价、一个窗口对外、一票结算，既简化了货运办理手续、减少了中间环节、最大限度方便了货主，又规范了收费项目和收费标准，遏制了价外乱收费现象。

第四章　供应链运输网络设计

本章主要从供应链的角度对铁路货运改革中的产品设计提供理论支撑。首先对供应链网络设计进行介绍，然后针对物流运输进行讨论，分析其重要性及如何从供应链的视角进行产品设计。从协同运输管理、个性化与专业化物流服务定制、应用现代化管理手段、研发新设备、优化运输组织角度对铁路货运物流服务供应链的建设与产品设计进行举例分析。

第一节　供应链运输网络概述

一、供应链网络设计

供应链网络设计决策包括设施作用的分配，制造、仓储或运输等相关设施的布局，以及每个设施的产能分配和市场分配。

(一)供应链网络设计决策种类

1. 设施作用：每个设施应该起什么作用？在每个设施中有哪些流程或操作？

2. 设施布局：设施应该定位在哪里？

3. 产能分配：每个设施应该分配多大的产能？

4. 市场和供应分配：每个设施应该服务哪些市场？每个设施有哪些供应源？

(二)影响供应链网络设计决策的因素

1. 战略因素：一个企业的竞争战略对供应链中的网络设计决

策有着重要的影响。

2. 技术因素:可获得的生产技术的特性对网络设计决策有着重要的影响,如果生产技术显示出相当的规模经济性,那么拥有少许高能力的设施是最有效的。

3. 宏观经济因素:包括税收、关税、汇率、运费等,它们并不属于个别企业内部的因素。

4. 政治因素:所考虑国家的政治稳定性在选址决策中起到了关键的作用。

5. 基础设施因素:优良基础设施的可获得性,是在一个特定区域进行设施选址的一个重要先决条件,差的基础设施会增加在特定区域从事商业活动的成本。

6. 竞争因素:在设计供应链网络时,企业必须考虑竞争对手的战略、规模和布局。企业要做的一个重要决策是将其设施设在靠近或者远离竞争对手的地方。

7. 顾客响应时间和当地设施:定位于那些看重响应时间的顾客的企业,选址必须靠近顾客。

8. 物流和设施成本:供应链中的物流和设施成本会随着设施的数量、布局及产能分配的变化而变化。

网络设计决策对绩效有着相当重要的影响,因为它决定了供应链的配置并设置了约束条件,其他的供应链驱动因素只能在约束条件内被用来降低供应链的成本或提高响应性。所有的网络设计决策会互相影响,必须基于这种事实来做决策。关于每个设施作用的决策是非常重要的,因为这些决策决定了供应链在改变其满足需求的方式上所具有的柔性。由于本书的目标在于运输的布局,所以下面着重对该方面进行阐述。

二、物流运输在供应链中的作用

物流运输在供应链中扮演着至关重要的角色，可以说是整个供应链的核心。供应链管理中，物流运输则作为实现供应链最终目标的一种方式，确保物品从生产商，经过各种通道，到达最终消费者的效率。

（一）物流运输与供应链密不可分

1. 物流运输作为供应商和消费者之间的桥梁，实现生产与销售的无缝连接。在供应链中，物流运输是从生产制造到销售终端，或者从供应商到客户的一种重要手段。通过物流运输连通各个环节，实现资源共享和信息互通。

2. 物流运输作为供应链的关键点，促进了整个供应链的高效运转。通过采用正确的物流运输模式，能够极大地增加供应链的效率和灵活性。例如，选择快速快递运输方式可以缩短供应链传递时间，提高物品流转速度。

3. 运输是为了使产品由供应链源头转移至顾客手中而发生的产品和空间位移。运输是一个重要的供应链驱动因素，任何供应链的成果都与合理的运输密不可分，因为产品极少在同一地点生产和消费。在绝大多数供应链中，运输成本都是供应链成本的重要组成部分。

（二）物流运输在供应链中不可或缺

1. 物流运输作为供应链的成本控制点，对供应链的经济效益产生影响。采用适合的物流运输方式，可以大幅度降低供应链成本，如采用高效轨道交通方式，可以大幅度降低运输成本，同时提高效率和稳定性。

2. 在全球供应链层面上，运输的作用更为显著。根据美国运输统计局的资料，在 2004 年，美国货物运输网络运输的进出口货物价值超过 2.2 万亿美元，比 1990 年的 8 220 亿美元增加了 168%。在相同时期，美国进出口总量占 GDP 的比重从 12%增加到 21%。

第二节　铁路货运物流服务供应链建设与产品设计

一、协同运输管理

供应链管理的本质就是协调，解决供应链中的问题和矛盾，更好地优化供应链运作，而协同使得整个供应链能够实现高效的顾客反应。因此，供应链中运输的矛盾可以采用一种新型运输管理模式——协同运输管理（collaborative transportation management，CTM）来解决。协同运输管理能够将运输整合到供应链各成员的运营计划当中，不但使运输商减少无效运输，而且能够预见性地管理运输需求，满足订货响应时间，从而使产品及时运送到客户手中。

（一）协同运输管理的形成

协同运输管理最初由全球最大零售商沃尔玛于 2000 年开始采用，它要求与供应链中的成员宝洁、货运巨头亨特三方实现更透明的信息交换，通过信息共享和供应链协作，制定计划、预测、运输、库存等商品服务全过程。三方达成合作关系以后，沃尔玛大大减少了货物处理过程的步骤，而亨特减少了 16%的装卸货等待时间，空载率下降了 3%，宝洁也实现了库存的下降。

协同运输管理最原始的雏形是货运合并，保持货车的满载移动。这就意味着公司可以更好地利用自身的资源，减少空载浪费。这种模式在北美相当流行，合作关系已在超过 1 600 个合作伙伴中形成，他们建成一个统一的信息平台，通过多站式的装卸货，保持着货车的最低空载率。对于最终消费者而言，不仅使服务时间大大缩短，成本还显著降低。目前，协同运输管理的含义远远不仅于此。根据 VICS(voluntary inter-industry commerce standards association)物流委员会于 2004 年在协同运输管理白皮书中的定义：协同运输管理是一个整体的流程，它把供应链的合作伙伴和运输服务供应商聚集到一起，达成协议，使运输规划和作业流程避免出现无效率的运作。其目的是通过促进供应链中运输作业参与者(包括发货人、承运人、收货人，或者其他形式的参与者如第三方物流等)的相互影响和协同合作，消除无效率的作业。

(二)协同运输管理的价值和推广

协同运输管理的价值体现主要在于它能够从订单完成过程的内部，消除运输的非效率。第一，它减少了运输商装货卸货的等待时间；第二，它使得运输资源配置和利用率达到最优化；第三，通过运输网络，它可以更好地安排运输次序和路线，减少空载率；第四，它减低了运输疏忽造成的货物流失；第五，它减少了账单错误和不准确的沟通。当多种多样的发货人进行更深层次的整合，发货人、收货人和承运人能进行更好的沟通，加强合作的实施，协同运输管理的价值就能更好的体现。而且这种价值不仅仅在传统的正向物流中起作用，因为它对贸易伙伴过剩货物和再生材料进行更深的调整，所以它在逆向物流中的效用也非常明显。

国外协同运输的研究与推广，受到了许多政策和措施的支持和推动。欧盟发起的物流行动计划旨在提高欧洲联盟内部和与欧盟伙伴之间的物流效率和质量，该计划资助跨国或跨境物流项目，并促进了协同运输管理和其他物流技术的应用。美国的智能运输系统提供了协同运输管理所需的传感器、通信和计算技术，该技术可以帮助协同运输系统获得实时的数据，帮助运输商进行决策和调度。加拿大的国家货运战略旨在促进有关于物流行业的政策协商，并且提供针对货运流程中的协调、合作和成本管理等问题的支持。澳大利亚的运输基础设施倡议，旨在建立现代化的运输基础设施，并促进政府与私营界之间的协同合作，以促进物流效率和可持续发展。这些政策和措施主要集中在降低协同管理的运输成本和促进公司合作等方面，同时也鼓励协同运输管理的新技术和创新的发展。

二、个性化与专业化物流服务定制

根据公路、铁路、水运等不同运输方式，物流服务集成商分为铁路货代、公路货代和海(河)运货代。铁路运输企业的传统物流服务主要体现在铁路干线运输、仓储和其他物流相关服务等方面。由于货物种类越来越多，客户的需求呈现个性化和多样化趋势。在物流服务供应链模式下，铁路物流服务提供商可以根据客户需求，为客户定制个性产品。

通过构建铁路物流服务供应链，纵向延伸物流服务，即以铁路运输服务为核心，扩大物流服务范围，如仓储、装卸与搬运、配送、包装、短途运输和信息服务等，加强物流设计、仓储与订货管理。横向拓展物流服务，如开辟新的物流增值服务，包括质押、担保、融资、代收货款等。同时在提供专业化物流服务的同时还可以拓展进出口保税业务(如加工贸易、进口货物、转口货物、为外商暂存货物等)。还可以为客户设计物流解决方案，向客户提供物流业务重组、物流网络结构设计与选点、仓储功能与规模定位、优化运输系统、最优库存管理、商务信息采集等服务，为客户提供物流与信息流的一体化解决方案。

通过专业化、高效化、规模化的运输服务融入供应链。如开展专业的整车运输、零担运输、快件运输；又如针对专一产品的运输，配置专用车辆运输燃油料及其他液态、粉状货物，冷冻、冷藏货物，废物垃圾等。

铁路物流服务供应链依托铁路将业务从单个的运输向物流链上下游延伸，拓展物流服务功能，最后构造全程物流的解决方案。

三、应用现代化管理手段

应用现代化管理手段，可以有效提升铁路货运物流服务的效率。例如，可以搭建物流电子数据交换商务平台。通过开发集铁路、港口、公路、海关、客户、船代公司、货代公司等物流信息共享电子商务平台，实现物流企业间的信息交换，形成一个具有网上报关、订仓、交易、配送、查询、运输方案咨询、个性化服务、仓储管理、电子支付、代理商管理等功能一体化的数据交换平台，确保物流企业间快速进行信息交换，提高运作效率，降低物流成本。例如，铁路运输企业可应用全程跟踪管理的信息技术进行车辆跟踪、车辆重空车信息统计、货票信息查询和统计等。

此外，通过融入供应链，对客户的物流需求进行分析，明确客户所需的服务项目和要求以后，货运站再分析自身的物流服务水平。如果物流服务水平能够满足客户的物流需求，则据此提供能力来设计物流服务水平，拟定服务内容，然后组织实施。如果现有水平不能满足需求，则可考虑增加投资以提高服务水平或与其他物流服务企业建立联盟。物流服务水平的设计首先要建立在以客户需求为出发点的基础上，正确处理物流成本与服务的关系。客户的需求分析主要从两方面着手。一是需求种类分析，即客户需要的物流服务内容，涉及运输、仓储、配送、包装、加工等方面；二是需求数量、特征和结构分析，即需求的时间、空间、规律性分析。需求预测就是对企业未来的物流需求状况进行分析、估算和推断，确定物流需求的空间和时间特征、需求波动的幅度和随机过程。对于物流服务提供商来说，物流需求在何处、何时发生直接影响着物流网络中库存水平的平衡和运输资源的分配。物流服务水平的设计首先要建立在以客户的需求为出发点的基础上，正确处理物流成本与服务的关系。每一物流服务水平都对应着每一成本水平，不同服务水平下收入与成本之差决定了利润。对物流提供商来说，必须结合供给能力，针对不同客户的不同服务需求，科学地确定每个客户的最优服务水平，找到最大利润点，确定最优物流提供方案。

四、研发新设备

在铁路货运改革中可以研发新设备以提高运输效率，例如可以考虑采用投资少、周转快、效率高、收益大的多式联运工具公铁两用车；在服务供应链模式下，针对家用电器、医药、食品等108类批量快运货物的性质、特点、包装方式分别制定装卸工艺，选配优质、高效专用工索夹具，最大限度减少货损、货差。通过研发新设备和推广新型集装化用具，可以有效提高供应链服务质量，并且满足客户优质、高效、个性化的需求。

五、优化运输组织

1. 协调内部资源。作为大联动的铁路，应加强铁路局集团公司与铁路局集团公司、段与段、站与站、部门与部门之间的相互配合，建立运力保障机制，使“前店”“后厂”紧密配合，按照物流服务供应链管理的理念构造铁路货物运输的生产作业流程。例如，强化一岗多能，提高劳动生产率和资源利用率，将多环节办理业务的窗口向“一站式”服务的综合窗口转变。

2. 挖掘运能潜力。有计划修建新线和扩建物流站场设备，从而缓解运力紧张的线路和运能不足的车站。提高列车工作计划的编制质量,科学安排车流集结,经济合理做好集零成组、集组成列、组流上线、流线结合、长短匹配、机列衔接等工作,最大限度组织直达运输。

3. 减少物流环节作业时间。依托物流口岸协作单位优势,加强与口岸办、海关、检验检疫局的合作,通过在场站内建立海关监管区、保税仓库,节省物流作业环节时间,提升口岸场站品牌。利用自身优势大力发展运输以外的仓储、流通加工、配送业务,完成"最后一公里"物流服务。

4. 建立防范预警机制。坚持实货监控及预警制度,对已经发出的货物和将要到达的货物运到时限进行全程跟踪,由客户服务中心及时将预警信息传输到相应的调度部门,调度部门根据预警信息及时做好车流调整,确保货物加速送达,尽力减少承担货物运到逾期的风险。

六、多式联运节点型物流基地建设

在综合分析产业布局、城市规划、铁路枢纽建设等要素的基础上,选择在区域辐射能力强、周边货源充分、公铁和铁水连接的节点位置改造或建设物流基地,向客户提供货物到达、发运、仓储、接取、配送、装卸等功能性服务,促进铁路"点到点"运输与"门到门"服务的有机融合。按照物流中心模式建设铁路物流中心节点,在物流中心内实现开展以运输、装卸、储存、流通加工、包装、配送为主要内容的一体化服务,并且随着业务模式的成熟逐步实现上门取送货物服务,原因如下:

(1)货运站的运输、装卸、保管等设施完备,物流需求量大。

(2)大部分仓储企业和商品批发市场需要从铁路货运站到仓库、市场的短途运输服务。如货运站开展此业务,则仓储、批发与运输的结合都可在车站完成，大大减少了装卸次数，简化了短途运输、手续办理等中间环节。

(3)以大型货运站为核心形成的物流中心通过遍及全国的铁路货运网络，形成网链体系，为货主提供储运一体化服务。例如运量大的客户发往全国各地的货物，可以通过到达地的物流中心，分发至各收货人，以节省多批发送带来的费用；或将产品直接放到发送地的物流中心储存，由物流中心根据客户指令发往各地。

(4)随着城市的规模扩大，大型货运站的地理位置由当初的城市外围变成了市中心区边缘或城郊接合部，并已逐渐形成了长短途运输的转运枢纽，对建立物流中心十分有利。

第三节　绿色供应链管理

一、绿色供应链管理内容

绿色供应链与传统供应链一样，由所有加盟的节点企业组成，一般有一个核心企业，节点企业在需求驱动下，通过供应链的职能分工与合作，以资金流、信息流、物流或服务流为媒介实现整个供应链增值。绿色供应链管理涉及供应链各个环节，主要包括以下内容。

(一)供应商

供应商是整个绿色供应链的源头，提供原材料(服务)的质量、材质等指标，制约着整个供应链产品是否能达到绿色化要求。因此，供应商应采用绿色材料、绿色设计和绿色包装等措施以满足整个绿色供应链要求。绿色设计是指在产品及其生命周期全过程的设计中，充分考虑对资源和环境的影响，在充分考虑产品功能、质量、开发周期和成本的同时，优化各有关设计因素，使产品及其制造过程对环境总体影响和资源消耗减到最小。绿色材料选择要求在产品设计中尽可能选用对生态环境影响小的材料。绿色包装是指在商品包装设计和实施过程中突出考虑环境保护的包装。

(二)生产过程

生产作业过程包括的内容很多,其中最重要的是制造工艺绿色化。产品制造过程中采用工艺不一样,物料和能源消耗不一样,对环境影响也不一样。绿色制造工艺就是要根据制造系统实际,尽量规划和采用物料和能源消耗少、废弃物少、环境污染少的工艺方案和工艺路线。

(三)客户

顾客的需求拉动是整个绿色供应链运作的驱动源。企业生产产品的目的是满足顾客需求。在买方市场条件下,顾客选择机会大大增加,也愈来愈重视消费的质量,消费无污染的产品,消费过程中尽量避免对环境造成污染,自觉抵制和不消费破坏环境的产品。企业要想获得预期利益,必须迎合顾客的绿色消费心理。

二、绿色供应链特征分析

(一)客观存在性

供应链的概念是在20世纪80年代提出,但是供应链早已客观存在,自从有了商品交换,供应链就已经存在。在市场经济环境下,任何一个企业都不可能是市场中的一个孤岛,它必须有客户、消费群体和其他企业的支持与合作才能生存,把这些相互关联的企业或实体连接起来,就是一组供应链。

(二)复杂性

传统的企业结构模式比较单一,而供应链结构模式不同,供应链节点企业组成的层次也不同，供应链往往由多个、多类型甚至多国企业构成，结构模式更为复杂。

(三)动态性

科技发展步伐不断加快，产品寿命周期不断缩短，供应链管理适应市场需求变化的需要，其中节点企业需要动态更新，对市场回应能力更迅速，使供应链具有明显的动态性。

(四)交叉性

节点企业可以是这个供应链的成员，同时又是另一个供应链的成员，众多的供应链组成交叉结构，增加了协调管理的难度。

(五)面向用户需求

供应链的形成、存在、重构都是基于一定的市场需求而发生，并且在供应链的运作过程中，用户的需求拉动是供应链中信息流、物流、资金流运作的驱动源。

三、企业绿色供应链管理的实施

(一)实施供应链系统各环节的绿色设计

供应链有关各方应密切合作，不仅包括设计者和制造商，还要包括供应商和有关专家，即在多方之间充分沟通、协作、信息共享的基础上共同进行绿色设计。

实施绿色设计，改善和保护社会生态环境，实现经济可持续发展，这一战略计划的实施必将使企业树立良好的社会现象，提高企业的声誉和产品的竞争力，最终取得良好的经济效益和社会效益。

(二)供应链系统企业实施绿色材料工程

绿色材料的使用，要求供应链上各节点企业的密切合作，制造商与供应商应就绿色材料展开广泛的探讨，大公司(制造商)应就材料的供应提出绿色要求，并积极参与供应商绿色材料建设中，有条件的可提供培训和技术上的支持，与供应商紧密沟通、协作，共同树立“环境成本”观念。加大对具有污染性的材料的限制和抵制力度，从生产源头给予消灭，在流通领域给予取缔，确保绿色材料工程的实施。

（三）树立供应链系统企业绿色营销观念

企业实施绿色营销，向消费者宣传绿色消费理念，展示企业绿色文化，引导绿色消费潮流，让消费者了解企业所进行的环境努力。供应链系统企业生产的产品要符合绿色环保要求，保证生产的产品无添加剂、无防腐剂、无污染，保护生态环境，企业的这一行为必将增强消费者对企业产品的满意度和忠诚度，在消费者心中树立企业绿色形象。

（四）实现供应链系统绿色物流

实施绿色物流既可以大大减少废物的产生，又可以降低成本。在满足运输要求的前提下，尽量减少包装物并选择可重复、可循环使用的包装材料；合理设计库存与运输之间的关系；设计逆向物流并保证其畅通，做到绿色回收，实现再使用、再循环。

四、实施绿色运输

（一）实施联合一贯制运输

联合一贯制运输是指以单元装载系统为媒介，有效地巧妙组合各种运输工具，从发货方到收货方始终保持单元货物状态而进行的系统化运输方式。这种运输方式解决了传统运输方式的废气排放、噪声污染和交通阻塞等问题。而通过运输方式的转换可削减总行车量，包括转向铁路、海上和航空运输，通过有效利用车辆，降低车辆运行、提高配送效率，如合理规划网点及配送中心、优化配送路线、提倡共同配送、提高往返载货率等。

(二)开展共同配送,减少污染

共同配送是以城市一定区域内的配送需求为对象,人为地进行有目的、集约化的配送。它往往是由同一行业或同一区域的中小企业协同完成的。共同配送统一集货、统一送货可以明显地减少货流;有效地消除交错运输,缓解交通拥挤状况,可以减少空载率,提高市内货物运输效率;有利于提高物流配送服务水平,降低企业库存,甚至实现“零”库存,从而大大降低物流成本。

(三)大力发展第三方物流

第三方物流是由供方与需方以外的物流企业提供物流服务的业务方式。发展第三方物流,由这些专门从事物流业务的企业为供方或需方提供物流服务,可以从更高的角度,更广泛地考虑物流合理化问题,简化配送环节,进行合理运输,有利于在更广泛的范围内对物流资源进行合理利用和配置,可以避免自有物流带来的资金占用、运输效率低、配送环节烦琐、企业负担加重、城市污染加剧等问题。当一些大城市的配送车辆饱和时,专业物流企业的出现使得在大城市的运输车量减少,从而缓解了物流对城市环境污染的压力。除此之外,企业对各种运输工具还应采用节约资源、减少污染环境的原料作动力,如使用液化气、太阳能作为城市运输工具的动力;或响应政府的号召,加快运输工具的更新换代。

物流企业要围绕绿色环保和可持续发展的理念开展经营,不能安于现状,不思进取。要积极加强企业各个环节的绿色化建设,全面开展物流企业的科学技术改造,通过第三方物流的建立和对物流流程、环节及各设施器械的技术创新、技术引进和技术改造,提高企业的营运能力和技术水平,最大限度地降低物流的能耗和货损,增强环保能力,防止二次污染。

第五章　产品开发中的系统工程方法

本章主要从系统工程方法的角度阐述了如何利用系统工程中的思想、方法、技术手段开发货运新产品。首先从宏观上介绍了系统工程的概念及其对铁路货运改革中新产品开发的价值。接下来详细描述了主要的架构设计流程、项目流程、协议流程、使能流程等具体的方法在铁路货运改革开发新产品的应用。

第一节　系统工程概述

一、系统工程定义

系统工程是一种使系统能成功实现的跨学科的方法和手段。具体来说,系统工程是一个视角、一个流程、一门专业。

系统工程视角基于系统思维。系统思维是对现实的一种独特的视角,强调整体意识和整体内各部分的互相关联。系统思考者知晓系统如何适应日常生活中更大的背景环境,系统如何运行,以及如何管理系统。

系统工程流程具有支持学习和持续改进而迭代的本质属性。随着流程的展开,会出现不可预测的和意外的系统行为。因此,系统工程的目标之一就是使非预期的后果最小化。系统工程师通过协调多个相关学科的专家并融合其贡献而实现这一目标。

系统工程具有水平横跨趋向,该学科(专业)中包括技术流程、管理流程、协议流程、使能流程等。

二、系统工程价值

系统工程是管理复杂性和变化的有效方式，常用于复杂系统或者复杂产品的开发。由于产品、服务和社会的复杂性都在不断增加，系统工程可以减少与新系统或复杂系统改进相关的风险。

国际系统工程协会(系统工程优异中心(SECOE)于2001年开始研究采用系统工程带来的投资回报，研究结果显示：系统工程工作是控制成本超支和进度延期，以及降低项目实施的不确定性的一个积极因素。在开发活动中，系统工程工作量越大，成本超支和进度延期越少。

铁路物流系统本身是一个复杂的供应链系统，涉及活动包括管理、规划、仓储、运输、仓储、配送、包装、流通加工、信息处理等，涉及主体包含了铁路内部各部门、客户、政府等。因此，如何协同供应链上下游的调配，如何协调铁路各部门之间的配合，如何平衡各主体之间的利益问题，都是需要在产品开发阶段考虑的问题。系统工程方法在货运改革产品设计中的引入，可以更好地管理其中的复杂性，减少风险。

三、生命周期阶段

每个系统都经历一个生命周期，在其生命周期内的进展是由组织中人员通过运用系统工程原理中诸多流程来实施其行动的结果。在生命周期模型阶段所应用的详细的系统工程流程按照ISO/IEC 15288:2008流程及其结果、关系和序列进行剪裁和表达。一般的生命周期包括探索性研究、概念、开发、生产、使用、保障、退役七个阶段，见表5-1。由于系统工程迭代的本质属性，特定系统工程流程不对应单独的生命周期阶段。相反，根据项目的范围和复杂性在生命周期开发的每个阶段适当考虑和应用整套系统工程流程。

表 5-1　系统生命周期阶段

生命周期阶段	目　　的
探索性阶段	识别利益攸关者的需求
	探索创意和技术
概　　念	细化利益攸关者的需求
	探索可行的概念
	提出有望实现的解决方案
开　　发	细化系统需求
	创建解决方案的描述
	构建系统
	验证并确认系统
生　　产	生产系统
	检验和验证
使　　用	运行系统以满足用户需求
保　　障	提供持续的系统能力
退　　役	储存、归档或退出系统

定义适合于生命周期阶段的起始活动、停止活动和流程活动有多种模型，如瀑布模型、螺旋模型、V 形模型和敏捷开发模型。V 形模型(图 5-1)用于将系统工程的关注焦点可视化，特别是在概念阶段和开发阶段。它强调在需求开发期间定义验证计划的必要性、与利益攸关者不断确认的必要性及不断进行风险和机遇评估的重要性。

在系统生命周期的每个阶段中，系统工程流程的迭代确保概念或设计的可行，并随着解决方案不断演进，确保利益攸关者继续保持对该解决方案的支持。

V 形模型中的所有迭代都在垂直的“当前时间”线上被执行。

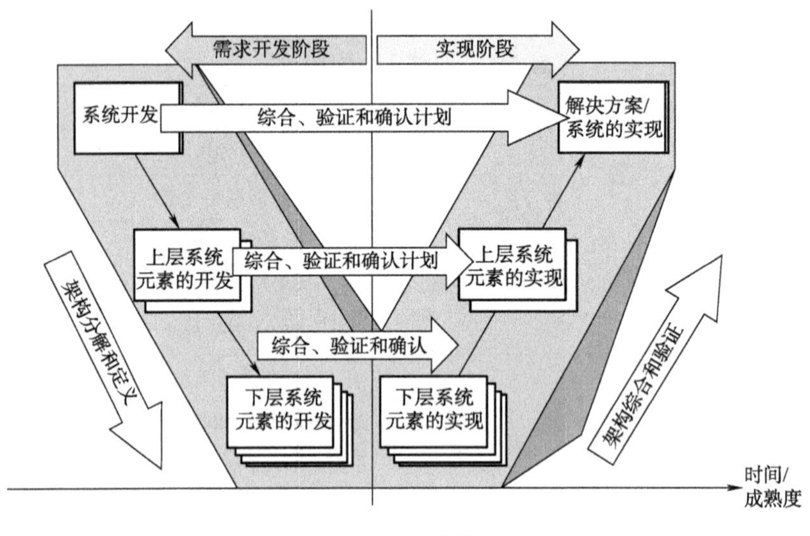

图 5-1　V 形模型

向上迭代涉及利益攸关者，且是在流程内确保建议基线可被接受的确认活动。向下垂直迭代是基本的非核心机会和风险管理的调查与行动。

第二节　铁路中的利益攸关者需求分析

一、利益攸关者需求定义

利益攸关者需求定义流程的目的是在特定的环境下，定义能够向用户和其他利益攸关者提供所需服务的系统的需求。

利益攸关者需求定义流程的背景环境如图 5-2 所示。通过引出利益攸关者需求，并且进行定义和维护活动，最后得到有关需求的概念文档、有效性测量指标、确认准则、初始的需求验证和可追溯矩阵(RVTM)等。

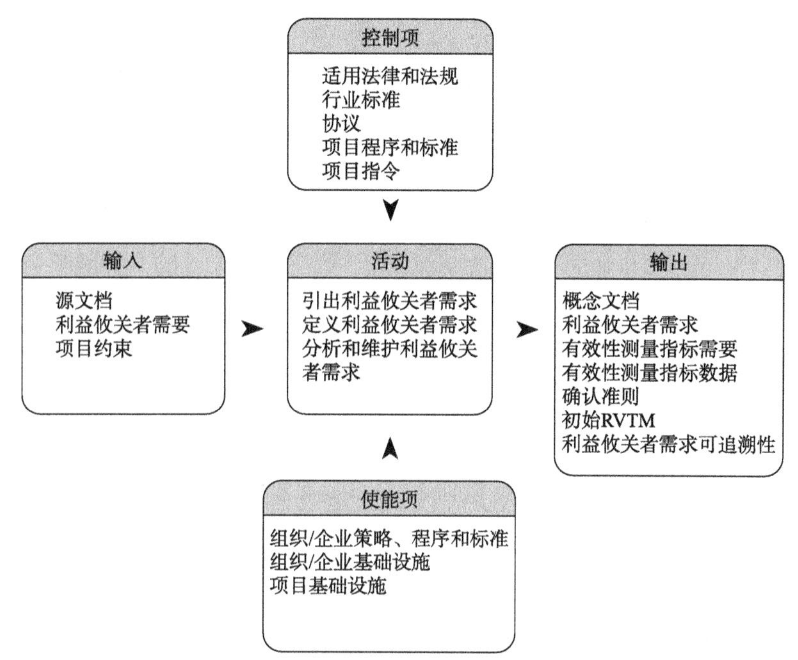

图 5-2　利益攸关者需求定义流程的背景环境

(一)识别利益攸关者

利益攸关者是指对系统拥有合法利益的任何实体(个人或组织)。典型的利益攸关者包括用户、运行者、组织决策者、协议方、法规机构、开发代理、保障组织、社会(图 5-3)。铁路货运中涉及的利益攸关者包括政府、企业、用户、铁路局集团公司等。

针对不同运输产品、运输距离，客户对运输的时间要求、价格期待均不一样。因此在开发新产品的时候，应从不同类客户的需要出发。需求定义是项目的开始，也是决定项目成败的关键。

(二)获取源需求

引出需求的技巧有访谈、焦点小组(又称小组座谈法，就是采

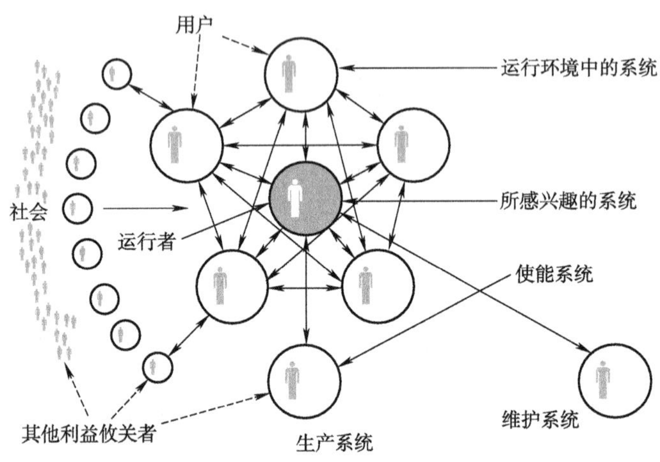

图 5-3　需求引出捕获整个系统边界上利益攸关者的需要

用小型座谈会的形式，由一个经过训练的主持人以一种无结构、自然的形式与具有代表性的消费者或客户交谈，从而获得对有关问题的深入了解）、德尔菲法（由一组选定的专家进行问卷，并对每一轮需求收集的结果再给出反馈，专家的答案只能匿名交给主持人）等。

（三）生成系统需求文件

所有用户/客户的需求应生成系统需求文件，其目标在于提供运行需要与获得源需求之间的可追溯性；为系统能力的计算行为欠缺/过度和任务有效性的计算提供基础；找出被忽略的隐含需求。内容包括需求数据库、效能衡量指标、初始的需求验证和可追溯矩阵等。

（四）定义利益攸关者需求的常用办法和技巧

和利益攸关者之间建立良好的关系和开放的交流，可以帮助开始细化和明确一系列需求。避免接受不切实际的或相互矛盾的目标。系统工程在定义需要时，为保障计划和项目管理，应收集的信息除了用户的“需要”和“想要”，还包括系统/项目约束（成本、技术限制、适用法律法规要求）、系统/项目“驱动因素”（竞争能力、威胁、关键环境）。在判断能够完成的需求时，要充分考虑铁路的运输能力、运输条件、国家的运输管理条例等。

二、需求分析流程

（一）需求分析概念

需求分析是从供应商视角出发的建立可度量的系统需求，目的是将以利益攸关者期望服务的需求驱动的视角转换为能够交付这些服务的所要求的技术视角。

铁路局集团公司作为货运服务的提供方，在考虑货运能力限制、政策法规限制、技术成本等的前提下，对货运改革涉及的各个利益攸关方的需求进行分析，确定哪些需求可以满足。对不能满足的需求，与各方进行协商修改。最后形成细化的需求文件，并且应该具有可衡量的指标。

特别注意的是，需求分析应该是一种迭代活动，在该活动中随着概念的发展及额外细节的不断清晰，新需求亦不断地被发现和细化。

这个流程通常只有确定系统需求对更低层级元素的影响（可实现性）才能建立系统需求。因此，需求的定义和分析是一种既可“自顶向下”（称作分配和向下流动），又可“自底向上”的迭代和平衡的流程。当顶层系列系统需求建立后，有必要将这些需求逐级向下分配、向下流动到更低的层级。由于分配和向下流动流程是重复的，为确保在产生的设计中满足所有系统级需求，有必要保持可追溯性。分析铁路货运改革的需求时，在系统层分析改革的宏观目标,全面提升铁路货运的核心竞争力;向下进行拆分,为了达到这一总目标,可细化为降低服务成本、提高运输效率、提高服务质量等较为明确的几大突破方向;再递进一步需求分析,对铁路系统内部各个部门提出具体要求。最后得到需求的定义必须是具体的、可测量的、可实现的、相关的、可追溯的。此过程可以通过开发规范树来实现。

(二)需求分析技巧

在需求分析过程中,质量功能展开是一种有用的技术,特别是当"客户声音"不清晰时。它提供了一种将客户需求转化为规范并系统地将需求细化到设计、零件制造和生产的更低级的快速方式。

质量功能展开(QFD)的基本原理就是用"质量屋"(图 5-4)的形式,量化分析顾客需求与生产流程间的关系度,经数据分析处理后找出对满足客户需求贡献最大的流程,即关键措施,从而指导设计人员抓住主要矛盾,开展系统稳定性的优化设计,开发、生产出满足客户需求的产品。质量矩阵屋主要用来帮助产品设计、生产人员和市场营销人员回答三个重要问题:

(1)对铁路的客户来说,产品的什么特性是最关键的;

(2)取得这些特性的重要设计参数是哪些;

(3)对新产品来说,参数达到什么值是最理想的。

QFD 是一种系统的决策技术,在产品设计阶段,它可以保证将客户的需求准确无误地转换成产品定义;在生产准备阶段,它可以保证将反映客户需求的产品定义准确无误地转换成关键工序;在生产阶段,它可以保证生产出来的产品完全符合客户的要求。在产品整个寿命周期中,客户的需求不被曲解。它既积极追求客户明确告知的需求,又努力发掘客户没有言明的需求,并尽可能为客户带来积极的质量，如简便、快乐、豪华或优越的感觉等，而传统的质量系统目标是最小化消极的质量，如质量缺陷。

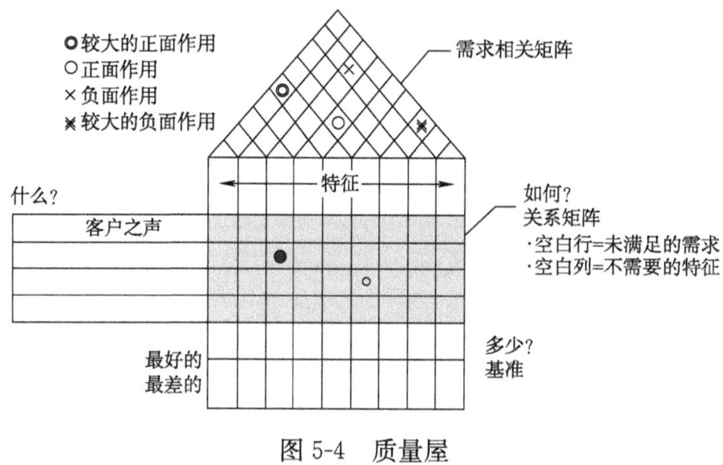

图 5-4　质量屋

第三节　架构设计流程

一、架构设计的概念

构架设计的目的是综合一个满足系统需求的解决方案。

通过提供两个不同的架构备选方案，以满足利益攸关者对洲际电话沟通的不同需求，由此阐明这一概念，如图 5-5 所示。

架构设计主要集中于分析备选方案，是总体系统定义的一部分，包括利益攸关者需求定义、需求分析和决策管理流程。为了开展系统的总体任务，定义一系列功能的始集。然后，选择一个架

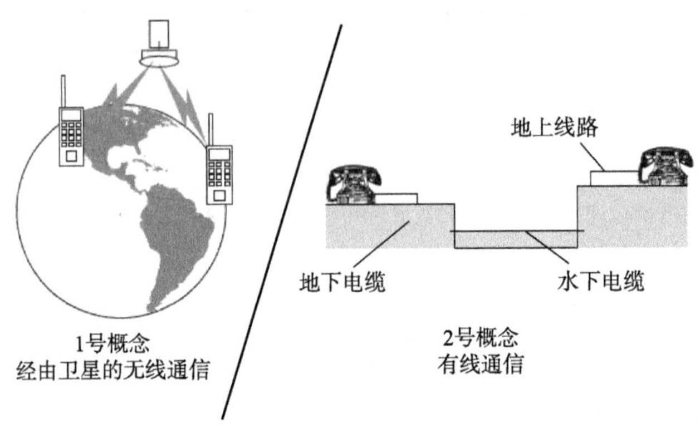

图 5-5　备选构架概念实例

构，以实施上述功能并满足上述需求和约束。如图 5-6 所示，系统构架综合流程中，有可能发现一些必要的附加功能需求和性能需求；也可能证明初始的功能需求和性能需求不可行或成本过于昂贵。因此，该流程涉及功能、需求和架构的相互迭代调整，直至发现一个可兼容的集合。

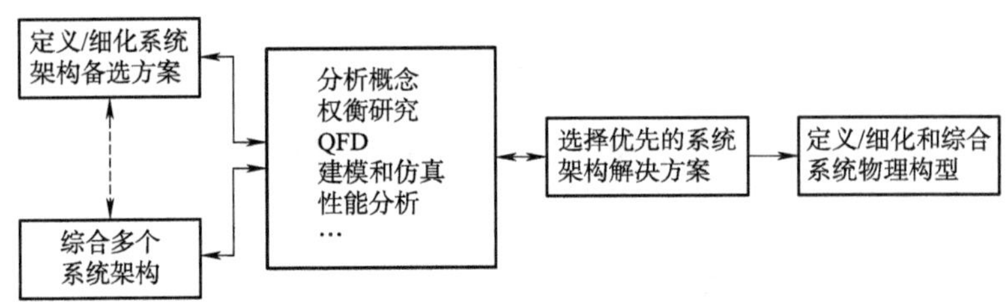

图 5-6　系统构架综合流程

二、架构设计流程内容

架构设计流程通常包括以下四个部分。

(一)需求分析

首先需要明确架构的需求，通过与客户和利益攸关者进行沟通，收集并详细描述系统或应用程序的功能、性能、可靠性、安全等需求。

（二）概要设计

在理解系统的需求后，进行概要设计，对业务进行建模及系统分解，并确定系统的基本框架，包括模块、组件、接口和总体功能。

（三）详细设计

在概要设计确定基本框架后，进行详细设计，针对每个模块、组件和接口进行详细地设计，包括输入输出的格式、应该完成的任务、错误处理等。

（四）部署和测试

将架构部署到目标环境中，进行集成测试和系统测试，并最终上线或交付。

在架构设计流程的每个步骤中，需要进行充分的沟通和协调，以确保设计的满足用户需求和目标，并最终建立高质量、具有可拓展性的系统。

第四节　项目流程

在系统生命周期内，产品和服务的创建或升级是通过项目的开展管理。项目流程包括：项目计划、决策管理、风险管理、构型管理、信息管理和计量。铁路货运任意产品开发过程都应该经历这几个主要流程。本节重点论述与新开发产品技术协调相关的流程。

一、项目计划流程

（一）项目计划流程含义

项目计划确定项目管理和技术活动的范围，识别流程输出、项目任务和可交付物，并为项目任务实施建立进度计划，包括实现准则及完成项目任务所需的资源。

项目计划流程通过定义项目、计划项目资源、计划项目技术和质量管理得到项目的程序和标准、项目指标需求、工作结构分解、项目进度、项目预算等。

项目管理是在一个特定的背景环境中进行的，这个环境包括项目的目标和目的、项目所处的行业、组织的类型和文化、利益攸关者和项目团队的技能、资源。而项目计划流程是项目管理的一个核心过程，它涉及从项目开始到项目完成和验收的所有活动和任务。在不同的背景环境中，组织和项目管理者需要采取不同的策略和方法来规划、实施和控制项目计划流程。因此，在制定项目计划流程之前，项目管理者需要充分了解项目所处的背景环境，如图 5-7 所示，制定适合该环境的计划流程，从而最大程度地提高项目成功的可能性。

（二）常用方法和技巧

创建工作结构分解，此活动是系统工程与项目管理交叉的活动；跳过或在计划流程中采取捷径会降低其他项目流程的有效性；尽早地将风险评估纳入计划流程中，以识别需要特殊关注的区域或意外事件，要不断地关注技术风险。

二、决策管理流程

（一）决策管理流程的含义

决策管理流程的目的是从已经存在的多个备选项目行动中选择最有利的行动方案。现实世界的决策通常涉及很大程度的模糊性，由于多个目标、复杂的权衡、决策者不止一个或若干顺序的决策，使目标互相冲突。正是在这些种情况下，决策分析是

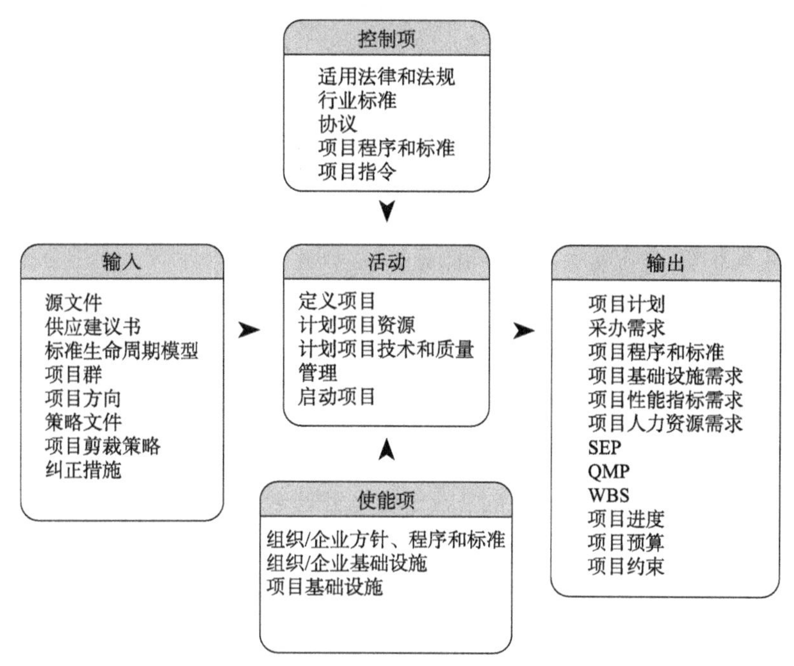

图 5-7 项目计划流程的背景环境

最有价值的。通过将问题仔细地分解成更小的且更易管理的问题,并关注什么是真正重要的,可制定清晰的目标和正确合理的行动方案。

决策管理流程是在一个特定的背景环境中进行的,这个环境包括决策者所面临的问题、决策者的经验和知识、有关信息的可用性、组织的文化、决策的复杂程度和时效性等因素。在不同的背景环境中,进行决策管理的流程也有所不同。决策管理流程中的背景环境对决策的质量和效果非常重要。如果决策者面临的问题不清晰或信息不完整,那么他们可能会做出错误的决策。还可能会出现由于组织文化、决策者的经验和知识、决策的时间压力等因素而导致决策失误的情况。因此,在制定决策管理流程之前,决策管理者需要充分了解决策所处的背景环境，如图5-8所示，制定适合该环境的决策管理流程，以提高决策成功的可能性。

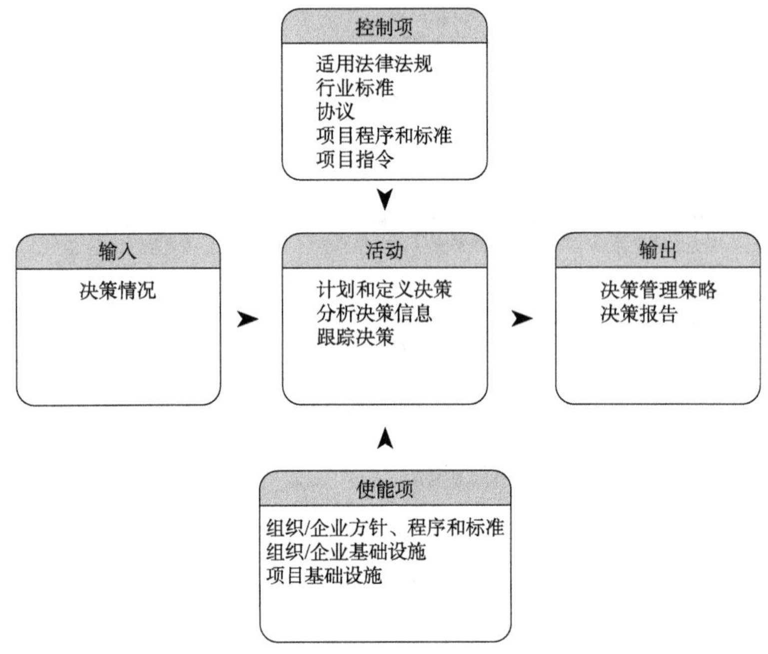

图5-8　决策管理流程的背景环境

(二)决策管理流程的原则

做出良好决策应遵守以下十个原则：

(1)使用一个价值创造视角来展开和评估机会。

(2)明确地建立目标和权衡策略。

(3)发现真实问题并为其构建框架。

(4)理解业务状况。

(5)开发创造性的且独特的备选方案。

(6)识别专家并采集有意义且可靠的信息。

(7)将不确定性作为未来执行的催化剂看待。

(8)避免“分析瘫痪”的情况。

(9)使用系统思维将当前情况与未来情况联系起来。

(10)使用对话以促进学习和行动清晰性。

(三)决策中的权衡研究

权衡研究为从两个或更多备选方法中选择其中一个备选方法提供了客观依据,以解决系统开发的所有阶段(从构思到开发)内的决策问题。关键的权衡研究活动内容包括八个方面。

1. 为决策构建框架:进行权衡研究的第一步是清晰地表述需要做出的决策。包括两部分:一是形成对正在涉及的决策的范围和背景环境的简要说明;二是识别必须在流程中考虑的任何约束并且将其文件化。如在制定货运业务流程优化方案时,明确决策的目标和范围是针对货运业务办理流程,同时必须考虑国家对各种物品运输的规定或者行业标准等。

2. 确定筛选准则和选择准则:在这个过程中,注意区分两种不同类型的准则,即筛选准则和选择准则。在开发铁路货运服务时,不同运输方案评价指标包括速度、便利程度、业务流程是否简单、货物交接设计是否便利、成本、货物的状态保持,以及出现货损后索赔的难度等。筛选标准用于识别任何潜在解决方案必须遵循的特性。对于冷链物流,运输的时间保证则应作为筛选的标准。选择准则用于在切实可行的备选方案之间进行区分。选择准则可以根据利益攸关者的关键期望的特性制定,比如出现货物损坏后的赔偿方式和额度。此外,决策者不应忽略对客户可能非常重要的因素,多把自己放在其他利益攸关者的角度上思考,可以发现更多有用的准则。

3. 建立加权值:每个准则的加权值反映其在选择流程中的相

对重要性。应在 1～10 范围内分配加权值，10 用于最重要的选择准则。为达成客观性，应在识别备选解决方案前就对建立加权值的方法达成一致。

4. 识别可行的备选方案：执行权衡研究的下一步是选择大量的候选备用设计解决方案，如货运方式可以选择一站直达、阶梯直达、多式联运等。权衡研究一般应考虑 4～7 种合理的备选方案，以确保研究不会忽略可行的备选方案，同时使研究成本保持在合理限度内。

5. 分配价值衡量指标，评价备选方案：将衡量指标分配给每个准则，用来描述各种不同的备选方案满足选择准则的程度。典型的权衡研究评分方法使用 10 分制。10 分的指标分配给最能满足选择准则的方案。其他备选方案相对于最佳备选方案从 1 到 10 进行评分。对于每个准则都重复进行该流程。每个备选方案的性能得分乘以各自准则的加权（即重要性），得出加权效用值。总加权是给定备选方案所有准则中的总计加权效用值总和，如图 5-9 所示。

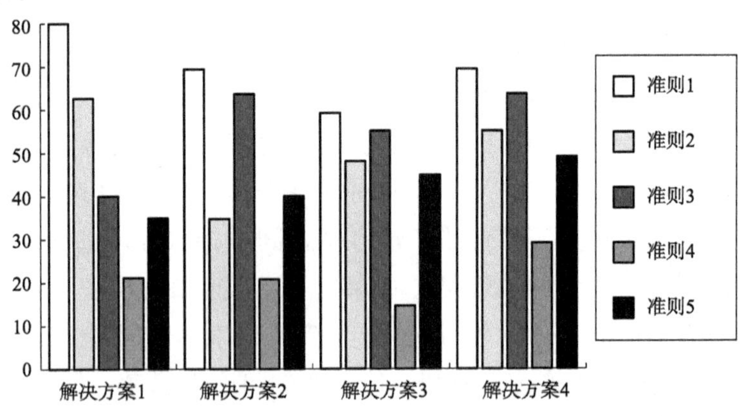

图 5-9　备选方案每个准则的加权分

6. 实施敏感性分析：涉及改变每个效用值和加权，以及重新计算每个备选方案的总加权，以确定如果效用值或加权不同，会发生什么变更。该变更的重要性最好通过与利益攸关者和主题专家交换看法来确定。对所有评估结果和决策进行评审以解决利益攸关者担心的问题和意见。

7. 确定不利后果：为确保考虑所有不利后果，需要单独增加这一步骤。许多情况下，当风险相当大时，该步骤与风险评估相对应，并可将其看作一种风险持续跟踪。对实施所选择的备选方案后果的最终评估可帮助识别不同的“最佳”解决方案。有时，最高分并不总会赢。对于运输的安全性这一指标，如果一旦没有达到，出现的后果会特别严重，尤其针对危险品的运输。因此，如果某一方案即使得分最高，但是在安全性这一项的得分不高时，应该谨慎考虑此方案。

8. 提出结果：正式的权衡研究的结果需要形成报告，如图 5-10 所示。概述应包括下列内容：

(1)每种备选解决方案的概述。

(2)所使用的评价因素概要：选择准则和筛选准则。

(3)所使用的加权值的概要及关于为何或如何选择特定加权值的解释。

(4)每种备选解决方案的详细描述。

(5)为何或者如何将特定得分分配给每个准则的每种备选方案概述。

(6)分析电子表格的副本(如曾使用过)。

(7)整体得分的图形化显示。

(8)每种备选方案的每个准则的加权分的图形化显示。

1. 范　　围
2. 权衡研究团队成员
   A.(列出姓名和专业)
   B.
   C.
3. 功能和性能设计需求
   A.
   B.
   C.
4. 相关设计方法和重要特性
   A.
   B.
5. 设计方法的比较矩阵

特征或设计需求	备选方案 1	备选方案 2	备选方案 3	备选方案 4
需求 1(权重)				
需求 2(权重)				
需求 3(权重)				

6. 建议的设计方法
   A.
   B.
   C.

图 5-10　权衡研究报告样本格式

三、风险管理流程

(一)风险管理的概念

风险是某个事件将出现并严重影响目标实现的可能性。风险(和机会)管理是处理贯穿于系统生命周期内,对于出现的不确定性的一种规范的方法。其目标在于达成风险和机会之间的恰当平衡。该流程作用在于:一是用于理解和避免系统潜在的成本、进度和性能(即技术)风险;二是采取积极的结构化方法预测负面结果,并在产生负面结果时,对其做出反应;三是识别可能被隐藏在某种情况中的潜在机会。

1. 风险的类型

风险包括技术风险、成本风险、进度风险、纲领性风险。

(1)技术风险:系统的技术需求在系统生命周期内无法实现的可能性。如果系统未能实现性能需求;或未能满足环境保护需求,则存在技术风险。由于铁路货运市场运作经验缺乏,在服务理念、服务意识、服务能力上跟现代化物流企业还有一定差距;货运手续复杂、运到时限缺乏保证,货物运输在途查询难以实现,紧急配送、假日配送、夜间配送难以实现等。在实际过程中一定要注意识别、控制这类风险。

(2)成本风险:将要超过可用预算的可能性。如果项目必须比原计划投入更多的资源来实现需求,如果项目必须增加资源以支持由任何原因导致的进度延期,或如果组织或国民经济发生变化,则存在成本风险。现阶段,我国铁路运输企业成本管理意识较淡,没有形成市场竞争观念,对成本管理在提高企业经济效益和市场竞争力方面的重要性认识不足。由于铁路运输成本管理未形成各部门联动的管理机制,从而使得成本管理与生产、技术、物资等管理严重脱节。生产部门只负责运输生产,而不考虑成本投入与运输生产之间的效益关系;技术部门只追求技术的高标准,而不考虑技术投入的经济性;物资部门只负责物料的按需供应,而没有考虑物料管理成本;科研部门只重视新项目的研发,而忽视对新项目价值和效益的分析论证。

(3)进度风险:项目未能满足预定里程碑的可能性。在铁路货运中,客货共线是我国铁路既有线基本的运输组织方式,速度级差制约了通道能力的有效提升,加之长期以来,京广、京沪、京九、京哈、陇海等路网主要干线长期超负荷运转,进出西南、西北、东北地区的运输能力严重短缺。特别是春运、十一等重要节假日时期,运输能力持续紧张，因此给客户提供的货运服务时效性有时会低于其他运输方式。

(4)纲领性风险：由项目经理无法控制的事件所产生。这些事件常常是由更高权限上的人员做出的决策所产生的，如项目优先级降低，接到项目进行开展授权的延迟，资金减少或延误，组织或国家目标的变化等。政治政策因素是铁路货运企业需要考虑的重要因素。铁路运价长期受国家管制，运价不是根据市场信息来确定，而是政府部门确定。我国铁路行业正处在改革之际，所处的宏观环境都在变化中，而国家的任何一项改革政策都有可能是风险或机会的来源。

图 5-11 表明技术、成本、进度和纲领性这四种风险类别之间的主要相互作用。箭头符号指出典型的风险关系，当然也可能存在其他情况。

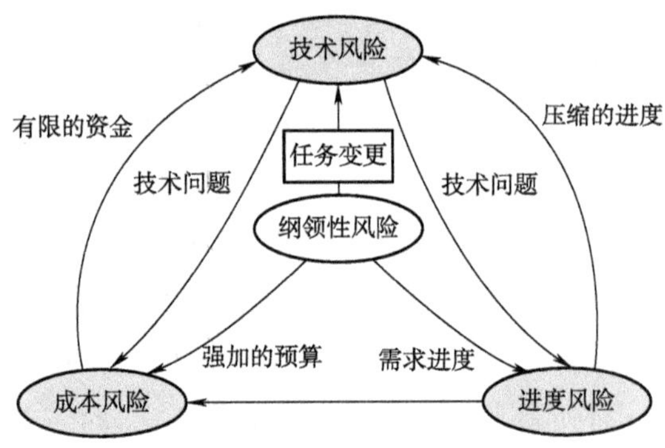

图 5-11　风险类别之间的典型关系

2. 风险高低的衡量指标

风险等级取决于可能性和后果两方面：

(1)事件将会发生的可能性。

(2)事件发生后造成的不合意的后果。

通常以概率表达不期望事件将会发生的可能性。事件的后果以依赖于事件的本质属性(如损失的投资、不良的性能等)的方式来表达。低可能性与轻微不合意后果的组合产生低风险,而高可能性与严重不合意后果的组合产生高风险,如图 5-12 所示。

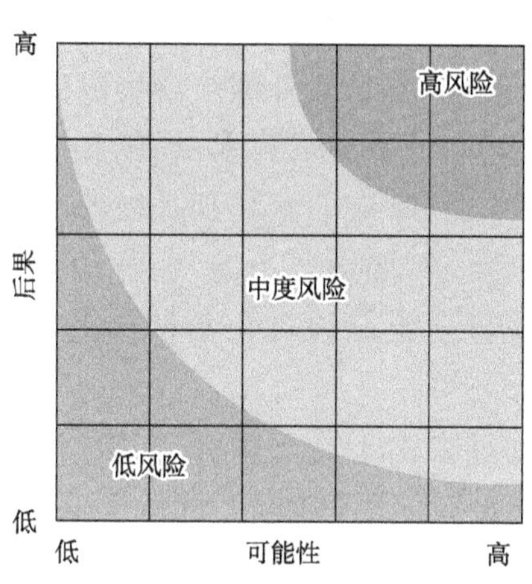

图 5-12　衡量风险等级的指标关系

(二)风险管理流程活动

风险管理流程目的在于连续地识别、分析、处理和监控风险。它贯穿于系统产品或服务的全生命周期内,系统地解决风险的持续性流程。该流程可应用于与系统采办、开发、维护或运行有关的风险。

风险管理策略和风险概况一旦建立,三个关键的风险管理流程活动就是:分析风险、处理风险和监控风险。

1. 分析风险

分析风险涉及识别风险和评价与风险相关的可能性和后果。这种评估的基准可能是定性的也可以是定量的。无论采用哪种方式,其目的是设置优先级并将关注集中在对项目的成功具有最大后果的风险区域。对于无先例的项目，则使用优势一劣势一机遇一威胁（SWOT）分析。在 SWOT 分析中，S（strengths）优势主要是指企业在市场中存在的相对于其他竞争者的优势，例如资金充足、产品质量优异或者企业形象良好等；W（weaknesses）劣势则包括目前企业存在的不足，例如技术相对落后、新产品开发进度慢等；O（opportunities）机会是指外部市场提供的对于企业的有利条件，尤其是相对于竞争对手更加有利的条件，例如新需求的产生、竞争对手的失误等；T（threats）威胁则是指外部环境对于企业发展产生阻碍的相关因素，例如行业不景气、竞争对手的增加、政策的改变等。优势和劣势主要是针对企业自身进行分析，而机会和威胁则主要针对外部环境。

我国铁路运输过去由于处于供大于求的状态，导致服务能力低下。铁路在政企分开之后，推行了货运组织改革，力图转变既有的运输组织模式，全面推进铁路货运走向市场。因此，此问题适用 SWOT 进行风险分析。

多数项目表达为现有系统或系统元素的新组合，或渐进式技术进步的引入。这意味着可通过检查之前类似项目的成功、失败、问题和解决方案得到有关当前项目风险的关键性理解。所获得的经验和知识或吸取的教训可应用于识别新项目中的潜在风险，并且开发特定风险的管理策略。

不确定性是通过基于发生的可能性和后果的严重性结果的分布而被特征化的。如前所述，风险涉及可能结果的概率和后果。从最广义的方面来说，风险分析应获取与所期望的项目的技术性能、成本和进度需求相关结果的谱系。因为很少能得到充分的统计数据，所以风险一般需要进行主观的分析。专家会谈是进行风险分析的常用技术，专家会谈技术包括确定合适的专家，询问他们所在专业领域的风险，并且量化这些主观判断。由此产生的结果是一系列不确定性或概率密度（关于成本、进度或性能）形成的公式表达，以便在许多风险分析的任何工具中使用。由于专家会谈产生一些主观判断的集合，唯一真正的“误差”可能出现在收集数据的方法论中。如果收集数据的技术不充分，则整体风险评估也很难准确。为此，收集数据所用的方法论必须被完整文件化且正当合理。需要采用经验和技巧鼓励专家以正确的格式披露信息。所遇到的典型问题包括错误地识别专家、获得劣质信息、专家不愿意共享信息、变化的意见、得到带偏见的观点、固守单一视角及相互冲突的判断。若实施得当，专家会谈可以提供可靠的定性信息。然而，定性信息转换为定量分布或其他衡量指标则取决于分析者的技能。

2. 处理风险

风险处置方法用于在风险分析工作中识别出中度风险项和高风险项。存在四种处理风险的基本方法：

(1)通过需求变更或再设计而规避风险。

(2)接受风险且不采取任何应对措施。

(3)通过支出预算及其他资源以降低概率和/或减轻后果的方式而控制风险。

(4)通过与另一方就风险处于缓解范围内达成协议而转移风险。

3. 监控风险

项目管理使用一些指标以简化和阐明风险管理流程。每个风险类别都具有某些用于监控项目的风险信号状态的指标。对关键系统技术参数的进展追踪可用作技术风险的一个指标。跟踪技术性能的典型格式是按照日历时间绘制的关键参数计划值的图表。出于比较目的，在该相同的图表中包含第二条曲线，用于表明所发生的实际值。使用成本/进度控制系统产品或一些等效技术来监控成本风险和进度风险。正常情况下，使用成本偏差和进度偏差，并比较计划中的任务和已完成的任务。

（三）案例

以快递服务企业顺丰速运公司为例进行 SWOT 分析。

顺丰速运公司是中国一家综合性物流企业，成立于 1993 年，总部位于深圳市。顺丰致力于提供快递、物流、供应链等全方位服务，服务范围覆盖全球主要经济体。拥有现代化的管理和技术手段，建立了全国最大的配送网络，使得企业的业务发展飞速提升。近年来，顺丰进行了一系列创新和战略性的调整，持续推进智慧物流建设，并逐步转型到供应链服务领域，以此稳固其在市场中龙头企业的地位。

1. Strengths（优势）：

（1）在快递行业有着极高的品牌知名度和口碑；

（2）拥有先进的 IT 技术和信息管理系统，能够提供高效的物流服务；

（3）建立完善的网络覆盖，可以覆盖全国主要城市和地区；

（4）持续不断的创新，推出新服务及产品为企业提供新的利润增长点；

（5）在环保方面积极投入，推动低碳经济的发展。

2. Weaknesses（劣势）：

（1）物流运作过程中存在风险，如车辆损坏、货物盗抢等；

（2）风险管理意识不足，缺少高效的风险管理机制；

（3）有时会面临运营运作的瓶颈，无法满足快速增长的物流需求。

3. Opportunities(机会)：

(1)在快递行业的市场份额仍有增长空间，特别是在二、三线城市；

(2)近年来国家政策开放相关的市场领域，为公司扩大业务领域提供了机会；

(3)企业可以进一步拓宽战略合作伙伴及客户服务区域，提高市场份额。

4. Threats(威胁)：

(1)企业面临的竞争非常激烈，其竞争对手包括了各种类别的物流企业，如 UPS、德邦等；

(2)国家政策的不确定性，可能会对物流企业的业务产生负面影响，例如税收政策的调整；

(3)外部环境的影响，导致物流市场需求波动，从而对企业的经营带来困难。

基于上述 SWOT 分析结果，顺丰速运公司可以根据企业自身的优势，加以扩大、提高，并针对其劣势和威胁制定相关的风险管理策略和应对措施，从而进一步推动其经营发展。例如，在提升风险管理意识方面，可加强风险管理数据的分析与监控，建立科学有效的风险评价和风险管理体系，从而预测、发现潜在的风险，并制定相应的风险规避和控制措施。在创新方面，可在已有的技术基础上，不断进行技术创新，以提高物流的效率和质量。

四、信息管理流程

(一)信息管理流程的概念

信息管理的目的在于维护一个在系统生命周期内所产生信息的存档。信息管理计划定义信息管理的初始计划工作，其建立所维护的项目信息的范围；识别资源和所需人员的技能水平；定义将执行的任务；并确定信息管理的工具和流程，以及将被用于项目的方法论、标准和程序。典型信息包括利益攸关者的源文档、合同、项目计划文档、验证文档、工程分析报告和由构型管理维护的文件。如今，信息管理通常更关注数据库的集成，如决策数据库，以及访问决策部门评审及其他项目决策结果的能力；需求管理工具和数据库；基于计算机的培训和电子交互式用户手册；网站；互联网上的共享信息空间。

通过有效的信息管理，经授权的项目和组织人员可以很容易地获取信息。当技术更新时，与维护数据库、数据保密、跨多个平台和组织的共享数据及转移有关的挑战均由信息管理处理。随着把重点放在作为竞争优势的知识管理、组织性学习和信息上，这些活动正得到越来越多的关注。

（二）铁路物流信息系统

随着铁路物流运输体制改革的进一步深化，对货物物流提出了更高的要求。如今，运输市场结构不断发生变化，小批量、个性化、快速方便的运输市场需求日益增长，"门到门"运输具有巨大的发展潜力，同时运输组织模式也多样化，联合运输、多式运输将成为物流组织的主要形式。因此，只有改变和完善既有的铁路货运站仓储、配送体系运作模式，才能在激烈的市场竞争中立于不败之地。铁路货运站物流信息系统作为有效保证货物流通而建立的物流综合管理、控制与调配信息系统，对提高货物周转率和节省物流成本具有非常重大的意义，建立高效的信息系统是实现这个目标的关键手段。

现代电子信息和通信技术是发达国家货运信息系统的基础，货运信息系统不仅可以实现货物在运输过程中的实时信息跟踪、查询及处理，还可以实现国际多式联运的信息系统联网和国际运输业务的信息化和票据无纸化，成为货运服务体系高效率、高质量和高效益的重要技术支撑条件。日本、德国、法国等国普遍采用人工智能技术、电子商务技术、综合信息采集等信息技术，使铁路货运服务信息系统从单向静态货运服务信息发布，逐步向动静结合、实时发布、交互查询发展，使货主可以通过客户服务中心随时查询、申请和办理货运业务，顺畅衔接公铁联运，铁路货运服务质量的提高，极大地改善了货运条件，并增强了铁路的市场竞争力。

（三）案例

俄罗斯铁路目前投入运营的信息系统主要有客运自动化管理系统、劳动资源管理系统、财务资源管理系统、货运自动化管理系统、税务统计系统、货运制票系统、货物跟踪系统、调度指挥系统、物资管理系统和行车安全管理系统等。这些系统是在不同时期、不同背景下开发实施的，因此关联性不强。应用系统构架倾向于集中式，共享中央数据库。多数系统已运行多年，性能稳定可靠。

1. 货运制票系统：该系统架构为集中式结构，存储及信息处理在信息中心，信息中心通过网络与各制票点连接，实时传递货票信息。这个系统能够完成近 90％的货票制票，它提供的功能有：客服系统（用户可受控访问货票库）；根据国家相关标准、规定制票；可制国内票，也可制符合国际标准的货票；进行货流分析。莫斯科铁路局平均每天制票 5 000 张。

2. 货物跟踪系统：货物跟踪系统依靠中央货票库和车辆信息库实现货物的追踪。在车辆信息库中保留有车辆状态轨迹的信息，如制票、装车、选车、解编、发车、到达、卸车、专用线、空车等。依靠车号自动识别系统，提高了数据采集的自动化程度，并可减少差错。

3. 调度指挥系统:运输指挥中心负责监控、协调各铁路局之间的列车运行情况。在调度大厅的大屏幕上可以显示全俄路网示意图及铁路局各分界口空车、重车、集装箱等动态交接数量,还有重点货物的装卸车数量等信息。区域内列车实际运行图由指挥系统自动生成,较人工可节省约30%的时间,但下个阶段的计划下达仍由调度人员手工完成。该系统对行调、货调、机调进行了充分的结合,点击其中任意车辆,可获得货物的装车站、卸车站、所装货物等信息。机车调度提供了局管内每辆机车运行状况的查询功能,还可以进一步查询机车七天内的运行历史,如牵引过哪些车次、机务组等信息。

五、测量流程

(一)目的

测量流程的目的在于收集、分析和报告与开发的产品和组织内实施的流程有关的数据,支持流程的有效管理,并客观地证明产品质量。

中国铁路总公司成立后,于2014年1月初步制定了包括基本指标和监控指标的经营业绩考核体系。其中,基本指标为盈亏总额,监控指标包括安全、建设项目投资完成和项目投产、运输纪律、财经纪律、重大管理事项、廉洁从业、重大决策行为等指标。在如今铁路货运组织改革的发展进程中,可以体现现代铁路运输企业的战略目标与管理的要求。但该考核体系仍存在一些问题:

(1)从总体上看,虽然该指标体系涉及运输企业运营的较多方面,但框架不清晰,结构较分散,缺乏从绩效管理角度对企业进行全面分析,可能会遗漏某些重要指标。

(2)主观性强。由于该指标体系采取评分制,评价指标的权重及评价值主观性均较强，不能完全代表铁路企业的实际情况。

(3)随着货运组织改革的深入，“门到门”运输将得到更大发展，铁路运输企业的物流化程度及信息化程度已经成为衡量其发展规模、发展水平的重要因素，而该指标体系并未涉及这方面内容。

(二)测量流程活动

测量流程包括以下三项活动。

1. 计划测量

(1)建立测量策略。

(2)确定测量利益攸关者。

(3)确定决策者和利益攸关者的信息要求，并确定信息要求的优先顺序。

(4)确定并选择有助于计划的管理和技术性能的相关指标。

(5)定义基础测量指标、派生测量指标、指示器、数据采集、测量频率、测量库、报告方法和频度、触发点或阈值、评审权限。

2. 执行测量

(1)按计划收集、存储和验证数据。

(2)为获得测量结果(信息产品)，处理并分析数据。

(3)按照结果来文件化和评审与测量利益攸关者、建议行动相关的测量信息产品。

3. 评价测量

(1)为提供对决策的必要理解而评价指标的有效性。

(2)评价测量流程的有效性、效率和一致性。

(3)若需要，分配纠正措施。

(4)将所有计划措施和纠正措施文件化并存储在测量库中。

六、协议流程

协议流程定义两个组织之间建立协议所必须的活动，包括采办流程和供应流程。协议流程的活动与合同和管理业务有关。系统工程主要在合同谈判期间起支持作用。往往有准备的谈判更容易得到有利的结果。在合同谈判期间，客户可能对合同提出更改建议。对于重大的变更，团队可能需要几天时间进行评估。因此在准备合同阶段，通常运用系统工程对客户或供应商在谈判期间可能建议的一系列成本、进度和技术性能选项执行初步权衡研究，尤其对于项目风险的影响。这样可以降低谈判期间的评审时间，同时降低项目的风险。

(一)采办流程

采办流程从用户需要的确定和达成协议开始，目标是在于找到能够符合需要的供应商。采办方组织在选择供应商时应采用尽职调查，以避免组织预算和进度的失败和影响。流程活动包含准备采办、公布采办并选择供应商、启动协议、监控协议、验收产品或服务。

常用的方法和技巧包括：

(1)建立采办指南，通告采办计划，包括识别、评价、选择、协商、管理和终止供应商的办法。

(2)建立组织内监控和控制单个协议的一个职责点。责任人保持和供应商沟通，注意识别延期交付或成本超支的可能性，并传达给组织。

(二)供应流程

供应流程的目的在于向采办方提供满足协定需求的产品或服务。

供应流程的活动包含以下四个环节：

1. 识别机遇:开发和维护供应计划、策略、方针和程序。

2. 响应投标:评价采办方的要求并准备响应,确保提出满足采办方需求、符合行业标准和其他标准所感兴趣的系统。

3. 启动协议:注重客户需求,根据交付里程表、验证、确认和验收条件,建立最终交付进度准则的协议。

4. 执行协议:启动项目,执行中特别注重各种流程的调用,如注重与采办方、次级供应商、利益攸关者及其他组织的沟通;评估协议,注意识别风险等。

七、使能流程

使能流程目的在于为项目提供所需的资源和基础设施,确保满足组织目标和达成的协议。

(一)人力资源管理流程

人力资源管理流程目的在于确保组织拥有必要的人力资源并保持其能力与业务需要相一致。

1. 人力资源管理流程主要内容

根据项目的人力资源需要,识别项目人员的可用性与有效性状态;对于有技能缺口的需要,进行适当的技能培训以满足要求。此流程最后得到结果包括以下内容:

(1)技能矩阵:识别组织和项目的技能需要并记录人员的技能。

(2)技能开发计划:包括培养内部人员所需要的组织培训计划。

(3)技能人员:根据技能需要和时机为项目指派具有适当技能的人员。

随着经济的全球化发展和供应链管理领域的不断扩大,现代物流已成为国民经济高效运行的重要支撑。而传统铁路货运企业向现代物流转型、拓展,也成为铁路货运企业提高竞争力、适应市场需要、实现跨越式发展的重要举措。现有铁路货运企业人员队伍参差不齐，服务意识不强、专业技术不精、平均年龄偏大、结构不合理、缺员现象较严重，已不能完全满足铁路货运企业向现代物流转型的基本要求，因此，注入结构合理、业务娴熟的铁路物流人才是铁路货运企业发展的新契机。现代物流在我国起步较晚，特别是铁路长期在计划经济的框架下运作，铁路货运企业从业人员大多来自运输业，对铁路运输知识比较了解，但对其他物流相关知识就相对缺乏，既懂运输业务又通物流专业的人才更是稀少，因此，铁路货运企业可对员工进行在职或脱岗培训，进行物流等专业知识的补充和加强。

2. 对铁路物流企业人才培养建议

针对目前铁路企业的现状，对人才培养方向有以下建议：

(1)铁路物流战略规划人才。铁路货运企业与现代物流的融合发展，迫切需要宏观层面上的铁路物流战略规划人才，他们既熟悉国际上发达国家铁路物流运作、组织、管理的经验，又能够结合我国铁路物流的方针政策和我国铁路物流的发展实际，制定科学的、符合我国国情的铁路物流发展战略。

(2)铁路物流经营管理人才。我国铁路运输国际化、现代化进程不断推进，迫切需要大量外向型、复合型的铁路物流经营管理人才，他们既懂得铁路物流市场运作规律，又懂得铁路物流企业管理流程及管理规范，既能为铁路物流企业发展做出科学决策，又能确保铁路物流企业日常生产经营与管理。

(3) 铁路物流运营管理人才。我国铁路货运企业一方面要面临国内外市场的竞争与挑战，另一方面要不断开拓新的市场和业务，因此需要大量的物流运营管理人才，他们既要具有广阔的视野、敏锐的眼光和果断的判断力，又要适应新形势下铁路物流资源不断整合的环境，随着铁路运输的专业性越来越强，铁路物流企业之间的合作也越来越紧密，迫切需要大量的铁路物流专业人才，他们既具备运输、仓储、配送、包装、流通加工、信息处理等专业的物流知识，又能熟练完成铁路物流诸如上架、分拣、堆垛、打包、配装、运输、配送等具体的物流作业。

(4)铁路货运操作人才。操作人员能熟知铁路整车、零担、集装箱等货物市场化的运输生产组织模式和流程，能按客户提交的运输订单需求，准确、高效、安全、有序地组织装卸作业，构建接取送达、生产调度、装卸搬运等生产组织体系。

(5)铁路仓储操作人才。操作人员能熟知铁路货运车站、仓库货场仓储管理作业规范与作业流程，熟知普通、危险、贵重、鲜活易腐等货物的仓储技术和方法，提高货物出入库速度，节约仓储管理成本，提高仓储管理水平和效率。

(6)铁路配送操作人才。铁路货运为了拓展客户，开展上门取货或送货上门服务，因此需要一批具备配送路线优化、配送车辆调度、配送流程改进等知识和技能的操作人才，以降低配送成本，提高配送的质量和效率。

(7)铁路物流营销人才。公路、水路、航空、管道运输的快速发展，使铁路面临着前所未有的激烈竞争，这就需要通过有效的市场营销来确保增运增收，因此需要大量市场营销专业人才进行科学的市场定位，寻找目标市场，进行新产品开发和有效的市场推广，以提高铁路运输的市场份额。

(二)质量管理流程

质量管理流程的目的是满足或者超出利益攸关者期望。例如，铁路利用质量体系计划建立新产品的需求，从而获得安全有效的产品。为了达到这个目标，就需要建立满足质量体系需求的设计、生产、分销、服务和文件装置的方法、程序。

第六章　国际物流与“一带一路”

本章主要阐述我国国际物流与“一带一路”发展情况。首先介绍国际物流相关基础知识，然后对国际物流的发展趋势进行分析。主要从新一轮国际分工导致全球物流向集装箱货物为主流的方向发展，交通流的强化导致地区基础设施能力不足，逆向物流快速增长，信息与通信技术的发展为物流全球化创造必要条件，跨境物流网络发展、经济性、物流业的转型升级与产业联动等方面，对“一带一路”为物流业带来的转型升级进行分析。在此新形势下，物流企业的创新尤为重要。

第一节　国际物流概述

一、国际物流的概念

国际物流是跨越不同国家（地区）之间的物流活动。国际物流的实质是按国际分工协作的原则，依照国际惯例，利用国际化的物流网络、物流设施和物流技术，实现货物在国际间的流动与交换，以促进区域经济的发展和世界资源优化配置。

国际物流的总目标是为国际贸易和跨国经营服务，即通过选择最佳的方式与路径，以最低的费用和最小的风险，保质保量适时地将货物从某国（供方）运送到另一国（需方）。国际物流使各国物流系统相互“接轨”，因而与国内物流系统相比，具有国际性、复杂性和风险性等特点。

国际性是指国际物流系统涉及多个国家，地理范围大，这一特点又称为国际物流系统的地理特征。国际物流跨越不同国家和地区，跨越海洋和大陆，运输距离长，运输方式多，这就需要合理选择运输路线和运输方式，尽量缩短运输距离和货物的在途时间，加速货物的周转并降低物流成本。

在国际间的经济活动中，生产、流通和消费三个环节之间存在着密切的联系。由于各国社会制度、自然环境、经营管理方法及生产习惯不同，一些因素变动较大，因而在国际间组织货物从生产到消费的流动是一项复杂的工作。国际物流的复杂性主要包括国际物流通信系统设置的复杂性、法规环境的差异性和商业现状的差异性等。

国际物流的风险性主要包括政治风险、经济风险和自然风险。政治风险主要指由于所经过国家的政局动荡，如罢工、战争等原因造成货物可能受到损害或灭失；经济风险又可分为汇率风险和利率风险，主要指从事国际物流必然要发生的资金流动，因而产生汇率风险和利率风险；自然风险则指物流过程中，可能因自然因素如台风、暴雨等引起的风险。

二、国际物流的发展趋势

全球物流运作的环境远比国内物流复杂，可以用 4 个 D 来概括，即距离(distance)、单证(documentation)、文化差异(diversity in culture)和客户需求(demands of customers)，也即在不同的国家和地区，物流活动的距离更长、单证更复杂、在产品和服务上客户需求变幻莫测，并要满足各种文化差异。随着跨国公司的发展，全球经济和贸易的增长及人类环保意识的觉醒，全球物流呈现出如下新的变化趋势。

(一)新一轮国际分工导致全球物流向集装箱货物为主流的方向发展

国际航运是国际贸易的载体。随着国际贸易和国际航运业务的发展,有条件的国家和地区都十分重视能接纳国际航运船舶的港口的建设,把港口视为通向世界的门户。港口发展的模式随着世界经济贸易发展的变化而不断演进,大致经历了三个阶段。

第一阶段:在20世纪50年代以前,港口作为国际航运的起始港和目的港,主要服务于国际贸易的流动,起着货物装卸、储存和中转的功能,同时为到港船舶提供供应和维修等服务,海口是水陆运输的枢纽,主要发挥着运输功能的作用。城以港兴、港以城荣。随着国际贸易的开展,在靠泊国际船舶和接卸国际贸易货物的港口所在地逐步发展起居民集中的繁荣商业贸易城市。

第二阶段:20世纪50年代以后,即第二次世界大战以后,世界经济出现国际分工格局,即国际间的贸易不再局限于将本国或地区的产品销往其他国家和地区,而是经济发达国家将原料从产地国和地区运往本国进行生产,然后将制成品销往全球各地,原料加工后的制成品增加了附加值。要发展这样的国际分工格局必须具备以下四点条件:

1. 原料产地的矿产品位高、质量好,值得长途运输异地加工,如中东的石油、巴西和澳大利亚的铁矿砂。

2. 经济发达国家具有雄厚的资金和掌握技术的高素质人才,足以发展资金技术密集型的大型工业企业,如炼油厂、钢铁厂、发电厂、汽车制造厂等。

3. 要有运输成本低廉的运输工具,以补偿远距离运输所增加的运输成本,为此在该时期开发了10万～30万t载重量的大型油轮和运矿砂的散货船,通过规模经济效益,大大降低了运输成本。日本用几十万吨的大型油轮从中东运输石油的成本比在沿海用小型油轮运输的成本还要低。从经济学角度分析，归根结底是运输成本的降低，而不是运输距离的缩短。

4. 要有能接纳大型船舶的深水港湾。第二次世界大战以后，经济发达国家在重建战争中被毁坏的港口时，充分利用了临海的深水岸线的良好条件和大型船舶海运成本低廉的特点，发挥深水海港的区位优势，将发展中国家的优质、廉价的原料和能源运到临海港口，建设大型的临海工业区。这次国际分工和全球经济的资源优化配置，对发达国家战后经济的迅速恢复和高速增长起了巨大的推动作用，对世界经济的发展也有促进作用。临海工业区被称为第二代港口发展的经典模式，然而这一切均基于工业社会的国际经济分工，即发展中国家输出原材料和初级产品，发达国家利用发展中国家的原材料和初级产品加工成制成品再销往全球市场。这种工业社会的国际经济分工模式在新经济时代将不再是发展的典范模式。

第三阶段：在新经济时代，发展中国家自己加工原材料，制造并输出普通工业品；发达国家则转而生产和输出高科技产品和知识产品，特别是控制高科技产品和知识产品的研究开发。一般工业品的生产和销售由跨国公司根据资源优化配置的原则在全球范围内进行组织。全球将出现原工业社会国际分工格局与新经济时代新一轮国际分工格局并存的局面，由于发展中国家经济发展的需要，大宗原料和能源的国际运输仍会占有重要地位，但作为全球物流发展主流的将是集装箱运输，当前全球集装箱运输量的快速增长正是印证了这一科学论断。

(二)交通流的强化导致许多地区基础设施能力不足

由于全球经济和贸易量的增长，当今世界许多地方各种运输方式能力过载现象十分普遍，例如在欧洲，由于拥堵和交通流瓶颈等造成发运时间延长和运输可靠性降低，从而导致与服务质量降低、物品运送延误、生产中断、车辆利用率降低、能耗增加和工人工时损失等相关的额外成本支出增加。这些因素迫使物流组织在寻求新的运输方式、新的仓库设置地点或重新配置存货方面做出努力，大致上是沿着以下三个思路去改进以回应基础设施紧张的问题：

1. 实施国际资源政策，扩大采购区域；

2. 使生产设施的设置在地域上分布更广泛；

3. 实施全球的市场营销。

可见，一个国家和地区要使全球物流在本地区得到顺畅的流转和发展，必须加强交通基础设施的建设。

(三)逆向物流快速增长

为了满足市场的需要，企业在制造产品或提供服务的过程中必须完成下列实物流中的部分或全部：

(1)将原料从初始源地发运到客户手中；

(2)半制成品从制造厂或供应商仓库运出：

(3)机器或机具从一个制造厂运往另一个制造厂；

(4)制成品在工厂、公司自有仓库、客户仓库或物流服务公司仓库之间运移；

(5)易耗品和备件从仓库运往修理厂或客户的产品所在地；

(6)销售的支持设备，如展台、广告牌和资源等从公司运往代理商；

(7)客户需要修理的物品或部件从客户处运送到修理厂(逆向物流)；

(8)将空包装从货物送达点往回运到装货点(逆向物流)；

(9)将已售出的产品或部件从货物送达点往回运到仓储或制

造的初始地点(逆向物流)；

(10)将已使用过的产品再循环、再使用或废弃(逆向物流)。

早期，物流的投资主要集中在从公司流向市场的物流上；而近年来由于环境保护意识的觉醒和对资源保护的关注，导致对从市场返回公司的逆向物流进行管理的需要，着重在对使用过的物品进行再使用、再包装、修理或废弃。

(四)信息与通信技术的发展为物流全球化创造了必要条件

技术的更新实质上也是一种内在的经济活动。因此，市场的经济活动与科技的开发活动不断相互作用必然会引发技术的创新。全球化的物流系统需要众多的企业及各国政府、国际组织的广泛合作才能建立，而这种合作离不开信息技术的发展与应用。信息技术在国际物流全球化发展中起到十分重要的作用，为此，一个国家(或地区)的信息基础设施的建设和普及程度往往能反映出该国(或地区)的物流竞争力。智能化运输系统(一种安全、高效、对环境无污染的且集聚了许多高新技术及众多功能的运输系统)和信息高速公路的应用程度说明一个国家的国际物流竞争力。

通常人们认为，只有当物流的硬件基础设施完善后，新的信息技术才能够服务于先进的物流系统，然而事实并非如此，信息技术完全可以用来作为战略性调整物流运行系统的有效手段。而且，未来的物流硬件设施的规划与实施建设均不可能离开信息技术的基础设施的结构、信息系统的特点及先进的物流网络，如同一个企业的价值链管理已扩张为全球化，物流网络也日趋全球化。然而，物流硬件设施、信息技术的基础设施及其先进的全球物流网络系统的综合发展必须考虑众多社会性因素。跨地区、跨国家的物流必将面临许多挑战，如怎样处理各国不同的法规、不同的经济利益关系及不同的文化背景等，因此，在发展全球物流网络中还应充分重视国与国之间的差异。不同国家之间的物流信息化技术发展水平存在差异，主要表现在以下四个方面：

1. 技术应用程度：发达国家在物流信息化技术应用方面处于领先地位，如美国、德国、日本等国家在物流信息化技术的应用程度上较为成熟，而一些发展中国家在物流信息化技术的应用程度上相对较低。

2. 物流基础设施：发达国家的物流基础设施相对完善，如美国和欧洲国家的物流基础设施建设较为成熟，而一些发展中国家的物流基础设施建设相对滞后，物流信息化技术的应用受到一定的制约。

3. 信息安全保障：发达国家在信息安全保障方面较为完善，如美国和欧洲国家在信息安全保障方面拥有完善的法律法规和技术手段，而一些发展中国家在信息安全保障方面存在一定的问题。

4. 法律法规制度：发达国家在物流信息化技术的法律法规制度方面相对完善，如美国和欧洲国家拥有完善的法律法规制度，而一些发展中国家在物流信息化技术的法律法规制度方面还需要进一步完善。

不同国家之间的物流信息化技术发展水平存在差异，但是随着全球物流业的发展和信息化技术的不断进步，各国之间的差距有望逐渐缩小。物流技术中综合了许多现代信息技术，如 GIS（地理信息系统）、GPS（全球定位系统）、EDI（电子数据交换）、barcode（条形码）等。现代物流信息技术的应用，使全球物流网络更加科学，并由此产生更大的经济效益。

（五）物流形式多样、规模不断扩张、集约化程度提高

目前国际上流行的物流形式主要有以下三种：

(1)综合物流中心，是将两种以上不同类型的物流中心集约在一起，成为一个综合职能和高效率的物流设施，如将铁路货运、公路运输货运集约在一起等形式。

(2)专业物流中心，是集约经营的一种业态。物流中心有时也称为配送中心，目前台湾环琦物流公司先后在台北、台中、高雄、林口成立了四个物流中心，为客户提供全省性、全通路和及时性的物流服务。

(3)物流园区，是政府从城市整体利益出发，在城乡接合部、主要交通干道附近开辟专用场地，通过逐步配套完善各项基础设施、服务设施，提供各种优惠政策，吸引大型物流(配送)中心在此聚集，使其获得规模效益，降低物流成本，同时减轻大型配送中心在市中心分布所带来的种种不利影响，物流园区是一家或多家物流(配送)企业在空间上集中布局的场所，它提供一定品类、一定规模、较高水平的综合物流概念，与工业园区、科技园区等概念一样，是具有产业一致性或相关性，且集中连片的物流用地空间。

三、国际物流系统的模式

国际物流系统，遵循系统的一般模式和原理，即国际物流系统包括系统的输入、处理和输出部分。现以国际物流出口模型来阐述国际物流系统的模式，国际出口物流系统模式如图 6-1 所示。

国际物流系统输入部分包括：备货，核实货源；到证，落实接到买方开的信用证；到船，买方派来船舶；编制出口货物运输计划；其他物流信息。

国际物流系统处理部分包括：商品出口前的加工整理；包装，设置标签；储存；运输；商品入港、装船；制单、交单：报关、报验；现代管理方法、手段和现代物流设施的介入。

国际物流系统输出部分包括：商品位移，商品实体从卖方经过运输过程送达买方手中；交齐各项出口单证，结算、收汇；提供各种

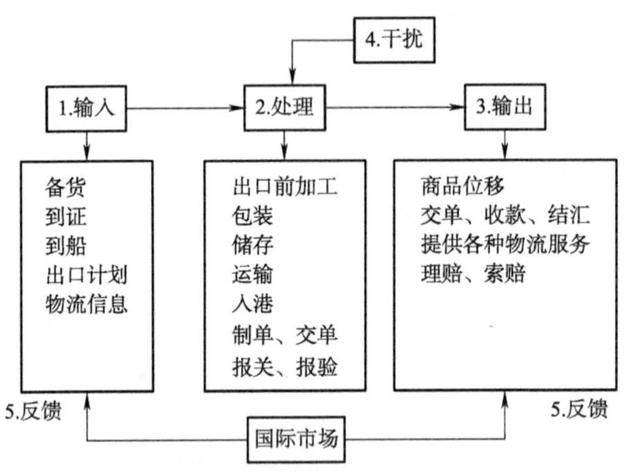

图 6-1 国际物流系统模式

物流服务；经济活动分析及理赔、索赔。

除了上述三项外，还经常有许多外界不可控因素的干扰，包括自然灾害、政治冲突等，使系统运行偏离原计划内容。这些不可控因素可能受国际的、国内的、政治的、经济的、技术上的和政策法令、风俗习惯等的制约，很难预先控制。它对物流系统的影响很大，如果物流系统具有很强的应变能力，遇到这种情况，马上能提出改进意见，变换策略，这样的系统具才有很强的生命力。

第二节 “一带一路”与我国国际物流

一、“一带一路”带来物流业转型升级机遇

(一)“一带一路”跨境物流网络发展

2013 年，习近平主席先后提出了共建“丝绸之路经济带”和“21 世纪海上丝绸之路”的“一带一路”构想。“一带”是指我国与亚欧各国间在现代丝绸之路概念上形成的一个经济合作区域；“一

路”是21世纪海上丝绸之路，是以点、线串起和连通东盟、南亚、西亚、北非、欧洲等各大经济板块，面向南海、太平洋和印度洋的合作经济带。兰州新区经河西走廊直通中西亚，是丝绸之路经济带和欧亚大陆桥的重要连接点。作为位于我国地理中心的枢纽城市，不仅向东衔接海铁联运国际物流主通道，向西贯通国际铁路运输主通道，同时也是从兰州区域枢纽走向全球集散、中转的国际枢纽，以及向国内配送的全国中心枢纽，将“一带”的起点枢纽、衔接“一路”的中心枢纽，通过国际物流主通道连接成一个体系，就是国际物流快速通道网络。在“一带一路”倡议引导下，内陆型枢纽城市成为国际集散、中转、运输与国内物流、跨境物流产业衔接的重要节点，实现了物流对接，形成了以亚欧非经济贸易一体化为支撑的国际物流快速通道网络及相应的产业联动发展机制。

(二)经济新常态对物流业的要求

我国经济发展进入新常态，从高速增长转向中高速增长，从规模速度型的粗放增长转向质量效益型的集约增长，要通过改革来促进经济增长方式与经济发展方式转变。新常态要求产业转型升级，涉及物流业高级化发展，其主要内容之一就是提升物流业组织化发展水平。集成场视角的物流业组织化有两个基本途径：一是物流集成体主导的物流链的组织化形式；二是物流基核引起的产业集聚的组织形式。根据“一带一路”倡议的指向，这是一个从点线物流走向以网链物流为基础的高端物流的发展过程，即要从分散的物流服务走向集成的物流服务或者说全球供应链一体化的物流服务。

(三)物流业转型升级与产业联动

物流业是基础性、战略性产业，根据其衔接性、渗透性、服务型等基本特点，“一带一路”倡议的实施将带来全球性经贸及物流联系。地区产业分工的本源是制造,制造的发展趋势是跨境经贸联系的全球供应链。“一带一路”扩展了供应链原料的来源、产品的市场、跨境物流的快速网络。跨境物流网络能否成为物流主通道,能否实现快速化,在很大程度上决定着其在跨境物流网络中的地位,是跨境两业联动过程的基础,需要高度组织化的物流业予以支持。制造业与物流业联动发展,就是依据其产业关联机理,实现制造业与物流业精准对接、有效衔接、优势互补、相互促进、共享共赢的协同发展过程。从区域物流、国际物流方面考察,除传统的货运量、货物周转量外,还应考察跨境物流枢纽、跨境物流网络、物流服务质量、效率和成本的影响。

二、国际铁路货物运输的作用

(一)铁路运输概述

在国际贸易货物运输中,铁路运输占据相当重要的地位,特别是在内陆国家之间的贸易,铁路运输的作用更为显著。铁路运输在我国对外贸易货物运输中也起着重要作用。我国有相当一部分的对外贸易货物是直接通过铁路运进或输出。即使是经由海运进出口的货物,大多也是通过铁路运输向港门集中或从港口运往内地。随着我国对外贸易的发展,铁路承担的进出口货运量将日益增大。

(二)国际铁路货物运输的作用

国际铁路货物联运时在国际上通过有关国家质检的协定,订立国际铁路货物联运协定或协议,使得相关国家铁路在货物运输组织上相互衔接,为国际贸易货物的交流提供了一种经济便捷而又安全可靠的运输方式。自新中国成立以来,我国与欧亚有关国家开展的国际铁路货物联运,在我国对外政治、经济和文化交流中发挥着重要作用。

1. 有利于发展同欧亚各国的贸易。通过铁路把欧亚大陆连成一片，为发展中国与中、近东和欧洲各国的贸易提供了有利条件。在新中国成立初期，我国的国际贸易主要局限于东欧国家，铁路运输占我国进出口货物运输总量的50% 左右，是当时我国进出口贸易的主要运输方式。自 20 世纪 50 年代，我国与朝鲜、蒙古、越南、苏联的进出口货物，绝大部分仍然是通过铁路运输完成；我国与西欧、北欧和中东地区一些国家也通过国际铁路联运进行进出口货物运输。进入 20 世纪 60 年代以后，随着我国海上货物运输的发展，铁路运输进出口货物所占比例有所下降，但其作用仍然十分重要。

2. 有利于开展同港澳地区的贸易。铁路运输是内地和港澳开展贸易的一种主要运输方式。两地的日用品一直以来主要由内地供应，随着内地对该地区出口的不断扩大，运输也逐渐增加，对港澳的运输达到优质、适量、均衡、应时的要求，在政治上、经济上都非常重要。为了确保该地区的市场供应，从内地开设了直达快运列车，对繁荣稳定港澳市场及该地区的经济发展起到了积极作用。香港是世界著名的自由港，与世界各地有着非常密切的联系，海、空定期航班比较多，作为转口贸易基地，开展陆空、陆海联运，为我国发展与东南亚、欧美、非洲、大洋洲各国和地区的贸易，保证我国出口创汇发挥着重要作用。

3. 有利于进出口货物在港口的集散和各省、市之间的商品流通。我国幅员辽阔，海运进口货物大部分利用铁路从港口运往内地，海运出口货物大部分也是由内陆通过铁路向港口集中，因此铁路运输是我国国际货物运输的重要集散方式。国内各省市和地区之间调运外贸商品、原材料、半成品和包装物料，主要也是通过铁路运输完成。我国国际贸易进出口货物运输大多都要通过铁路运输这一环节，铁路运输在我国国际货物运输中发挥着重要作用。

4. 利用欧亚大陆桥运输是必经之道。大陆桥运输是指以大陆上铁路或公路运输系统为中间桥梁，把大陆两端的海洋连接起来的集装箱连贯运输方式。大陆桥运输一般都是以集装箱为媒介，采用国际铁路系统运送。我国目前开办的西伯利亚大陆桥和新欧亚大陆桥的铁路集装箱运输具有安全、迅速、节省的优点。这种运输方式对发展我国与中、近东及欧洲各国的贸易提供了便利的运输条件。为了适应我国经济贸易的发展需要，利用这两条大陆桥开展铁路集装箱运输也是必经之道，将会促进我国与相关国家和地区的国际贸易发展。

三、物流企业创新的重要性

"一带一路"倡议推动物流行业的快速发展，物流行业也将因此重新洗牌，对外部环境变化及时做出应对的企业将获得更好的发展。与此同时，基础设施的建设使得物流技术和物流设施得到快速更新，此时物流企业的创新能力对企业来说至关重要。物流企业创新可以有效满足客户对物流服务深度和广度上的要求，有效降低物流服务成本，改进服务质量，提升客户的物流绩效。企业的创新能力是企业获取收益、向客户传递价值的关键能力。可以有效推动企业在动态的市场环境下获得竞争优势，物流服务动态性和合作主体间互动性的特点，决定了有效的物流创新很难由单一物流企业完成，物流服务创新是不同主体通过物流技术创新、组织创新、管理创新和制度创新等，实现物流服务也创新，是多主体参与的开放式创新。物流企业的管理创新、技术创新是新形势下企业应对环境变化和参与竞争的主要策略。物流企业通过管理创新，调整、修正原有的计划、决策、控制等体系，在与合作伙伴互动的过程中更新管理理念和管理方式，联结与重构资源和能力组合，调整原有组织结构的运作方式，优化资源配置，适应环境变化对物流企业的全新要求。

物流企业属于生产性服务业，为客户生产、运营提供支撑性服务，需要设施设备和信息系统的支持，由此物流技术扮演着重要角色。物流技术创新是物流服务创新的重要组成部分，是推动物流企业发展的重要动力。物流技术创新与信息技术、工具、装备和设施紧密相连，涉及运输、储存、装卸、搬运、包装配送、流通加工、信息处理等各个物流环节，具体体现企业组织对先进的物流技术和信息通信技术的开发与应用上，技术创新本身所具有的不确定性、高风险性、技术积累和路径依赖等特征，使得物流技术创新更多的是渐进式的应用创新，物流企业的技术创新更倾向于对现有技术的有效应用，以达到满足客户需求和优化企业资源配置的双重目标，物流装备与信息技术紧密结合，实现高度自动化是物流行业未来发展的趋势。

物流企业与物流服务网络中的企业及客户供应链上的企业，在最终客户价值上具有互补性，由此物流企业的创新必然会受到各方行为主体的影响，同时外部运营环境和最终客户需求也作用于物流企业的技术创新和管理创新，也就是说，物流企业创新是环境推动和最终客户拉动下的多主体互动式创新，基于此，考虑外部运营环境的变更，将合作伙伴(横向联盟和纵向联盟)纳入物流企业的创新体系，以最终客户需求为向导，进行开放式创新，是物流企业在新形势下的合理选择。

综上，在“一带一路”的新形势之下，物流企业拥有前所未有的机遇，同时也面临严峻的挑战，尤其是对物流企业的创新性有了更高的要求，铁路货运改革是必然趋势。同样也可以基于服务三大新产品设计理论，即服务管理与开发、供应链运输网络设计、系统工程，对“一带一路”中铁路货运改革中的新产品设计进行支撑。例如运用系统思维，立足顶层设计，更有利于理顺各内部部门的管理职能，消除来自不同部门的不合理审批制度、地区封锁及其他行政性障碍，以解决中间环节多、流程复杂的问题。运用服务差距模型、服务蓝图等服务管理开发对铁路货运中的服务进行设计改善。将铁路货运放在整个供应链中考虑分析，建立更完善的铁路货运服务供应链。

第三节　中欧班列货运产品策划

一、中欧班列货运产品概述

(一)中欧班列货运产品

1. 中欧班列货运产品概念

中欧班列现行货运产品主要是依照不同服务对象组织货流。针对单批运量超过 41 节车厢的大型电子产品、机械制造业产品、产业聚集产品及大批量的农畜产品等货物，采用针对货主需求的个性化定制班列组织模式。如云南昆明至荷兰鹿特丹的“咖啡”专列，“汉新欧”开行的“冠捷”专列等；对单批运量在 1～ 41 车之间的货物，采取普遍适用的公共班列组织模式；对单批运量不够 1 车的小批量货物，采取拼箱的组织模式。中欧班列货运产品形式如图 6-2 所示。

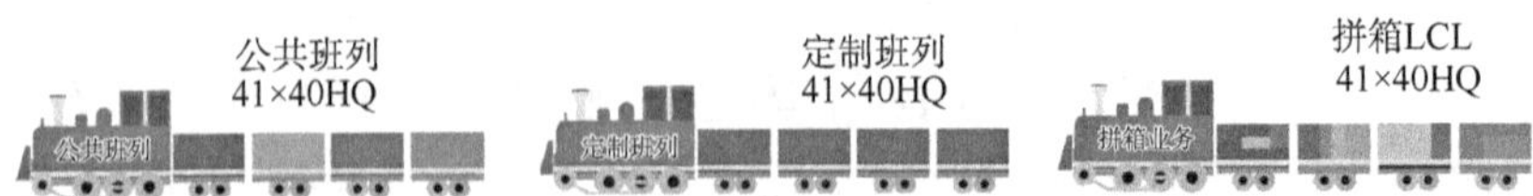

图 6-2　中欧班列货运产品形式

根据市场营销学中整体产品的概念，铁路货运产品可划分为三个层次：核心产品、形式产品和附加产品。对于中欧班列而言，其核心产品是指中欧间货物运输所产生的基本效益；形式产品是指组织形式、运输时间、载运工具、服务质量等可以被货主感知以评价服务质量水平的实现核心产品载体形式；附加产品是指货主在托运货物时所得到的全部附加服务和利益，如货运产品情况的介绍、两端运输的咨询、上门办理、运输及海关代理、理赔、货物追踪等。

中欧班列货运产品指运输货物价值相对贵重，运输安全保障相对严格，运输时限相对较低的高端铁路运输物流活动。本书将中欧班列货运产品定义为：以高附加值货物为主要货源，其主要特性为高质量、高价值、高价格，且其对于运输安全、运输速度、运输时间等运输质量的要求也比较高，中欧班列货运产品内涵如图 6-3 所示。

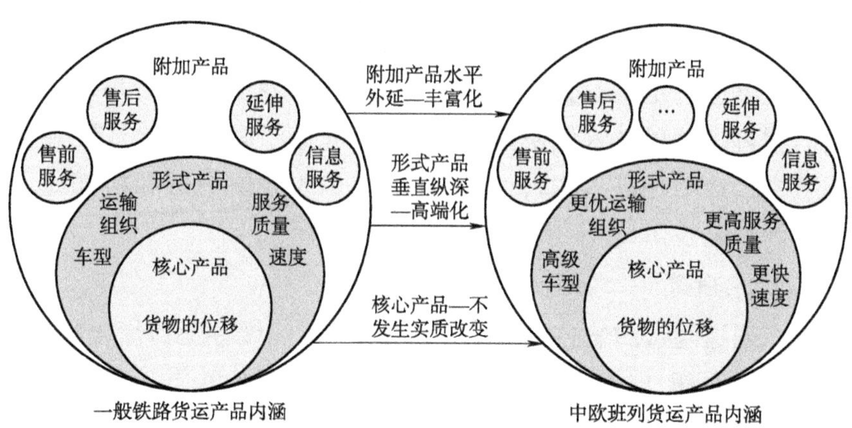

图 6-3　中欧班列货运产品内涵

2. 中欧班列货运产品的特点

从整体产品的理念出发，中欧班列货运产品与铁路一般货运产品相比具有以下特点：

(1)核心产品基本相同，中欧班列货运产品和一般铁路货运产品的核心产品均是货主所承运货物的时空转移效益。

(2)形式产品高端化。与一般铁路货运产品相比，中欧班列货运产品更加注重客户体验，诸如运输时效、运输安全、运输速度、运输追踪等服务质量指标比一般货运产品的要求更高。

(3)附加产品丰富化。与一般铁路货运产品相比，中欧班列货运产品可以提供更加多样化、具体化的附加服务。比如货物低损失率的保证、免费提供发站前的货物集结及其他销售服务。

(二)中欧班列通道情况

中欧班列运输组织部门众多，主要有国内外物流公司、货运代理公司、海关及检验检疫局、中铁集装箱运输有限责任公司等，其中，中铁集装箱运输有限责任公司是中欧班列最重要的运营者。

就目前而言，中欧班列已经形成东、中、西三条连接中国和丝绸之路经济带途径国家(如哈萨克斯坦、乌克兰、波兰、德国等)的国际铁路运输走廊。其中，东部通道起始于我国东南沿海地区并由内蒙古满洲里进入俄罗斯；中部通道起始于我国华北地区并由内蒙古二连浩特进入蒙古；西部通道起始于我国中部和西部地区并由新疆阿拉山口/霍尔果斯进入哈萨克斯坦。

1. 东通道

东通道经过内蒙古自治区满洲里、黑龙江绥芬河口岸出境，并主要经俄罗斯、白俄罗斯等国家铁路运输至波兰，由波兰马拉舍维奇换装站(宽轨进入标准轨)换装后运抵欧洲各国。目前，中欧班列经东通道出入境的平台已经达到 50 条，主要包括“苏满欧”“长满欧”等。出于途径中国东北和俄罗斯等高纬度地区的原因，班列运输的自然环境较为恶劣，因而适运的货物品类具有局限性。

2022年1—11月，满洲里海关累计监管进出境中欧班列4 421列、35.2万标箱，货值447.34亿元，分别同比增长42%、35.1%、38.1%；2022年，绥芬河铁路口岸开行中欧班列共计884列、81 640标箱，分别同比增长61%、62.3%，为持续助力中欧班列高质量开行提供有力支撑。

2. 中通道

中通道经过内蒙古自治区二连浩特陆运换装站（由标准轨进入宽轨）至蒙古，并主要经蒙古、俄罗斯、白俄罗斯等国家铁路运输至波兰，由波兰马拉舍维奇换装站（宽轨进入标准轨）换装后运抵欧洲各国。截至2022年12月25日，二连浩特铁路口岸2022年接运出入境中欧班列2 477列，完成出口运量281.19万t，同比增长26.46%。

3. 西通道

西通道经过新疆维吾尔自治区阿拉山口、霍尔果斯口岸陆运换装站（由标准轨进入宽轨）出境，经哈萨克斯坦与俄罗斯西伯利亚铁路、白俄罗斯、乌克兰等国家铁路运输至波兰，由波兰马拉舍维奇换装站（宽轨进入标准轨）换装后运抵欧洲各国。截至2022年底，经霍尔果斯口岸通行的中欧班列线路达76条，日均19列，去程12班、回程7班。经阿拉山口口岸日均通行中欧班列17列，覆盖国内25个省（市），可到达德国、波兰等19个国家。

（三）中欧班列货源组织

中欧班列沿线及各接续班列沿线地区为主要货源吸引范围。根据货运吸引范围与“一带一路”沿线国家的贸易特点，考虑中欧班列的运输特点，其主要运输的货物种类有汽车、机械配件、电子产品等。部分常态化运营的班列线路承运货物见表6-1。

表 6-1　中欧班列部分常态化开行线路承运货物情况

中欧班列	起点站	终点站	进口货物	出口货物
渝新欧	重庆	马拉舍维奇 杜伊斯堡	汽车配件（30%～40%）、机械设备（10%～20%）、食品（8%）	电子产品（约40%）、服装（约10%）、汽车配件（约20%）
蓉欧	成都	罗兹 纽伦堡 蒂尔堡	电子产品（30%～40%）、DHL承运（20%～30%）	日消品（30%～40%）、汽车（约10%）
汉欧	武汉	里昂 汉堡/杜伊斯堡	汽车配件（约40%）、医疗器械（约20%）	科技产品（约50%）、化工品（约30%）
长满欧	长春	从波兰辐射 18个城市	汽车生产件（>60%）	汽车零配件（>60%）
湘新欧	长沙	汉堡/杜伊斯堡 华沙/马拉舍维奇 明斯克	医疗器械（约10%）、工程机械（20%～30%）、电子产品（约20%）	纺织品（约10%）、食品（约10%）、工艺品（约10%）
西安班列	西安	华沙/马拉舍维奇 汉堡/杜伊斯堡 莫斯科	机械配件（10%～20%）、汽车配件（约15%）、石油装备（约10%）	重晶石粉（约20%）、工业盐（15%～20%）

二、中欧班列货运市场分析

(一)中欧班列货运市场需求特点

中欧班列运输货物主要集中在汽车配件、电子产品、机械设备、汽车、医疗器械等高附加值货物，这些货物与普通货物相比，对运输的安全性、时效性、便捷性、信息透明度、准时性及物流服务六个方面有较高要求。

1. 安全性。中欧班列运输货物具有较高价值且运输距离长，一旦发生事故出现货损货差，将造成较大损失。

2. 时效性。由于运输货物附加值较高，附加价值受运输时间影响较大，所以对运输时效性有较高的要求。

3. 便捷性。中欧班列货运产品开行密度符合货主需求，且办理手续快捷、迅速。

4. 信息透明度。因运输货物价值较高，路途遥远，需及时了解货物动态信息，对货物进行实时追踪。

5. 准时性。货物运达时间会影响货主的满意度，尤其是时间敏感度较高的货物，货主希望货物按时送达。

6. 物流服务。中欧班列的客户希望在基础服务范围之外提供增值服务，如发站之前和到站之后的接续班列、集装箱堆存、集装箱拼箱等。

(二)货物价值特性分析

货物价值特性是指时间不断增加的过程中货物呈现贬值的现象。其与产品生命周期、保质期、替换产品开发有着较大的关联性。不同的货物有着不同敏感度，即在一段时间内，不同货物贬值情况不同。

对于不同时间敏感度的货物，客户选择不同的运输方式，时间敏感度高的货物，货主要求运输速度快，而对于时间敏感度低的货物，货主注重货物的运输成本及运输品质。因此，在分析中欧班列目标货源时，必须对货物价值特性进行分析。根据货物不同的时间敏感程度，可以将货物分为时效优先型与价格优先型两类，基于货物价值特性的货物分类见表 6-2。

表 6-2　基于货物价值特性的货物分类

货物分类	特　征	举　例
时效优先型	价值随时间推移而逐渐贬值的货物	鲜花、水果、药品、时装、笔记本、家电、生鲜食品等
价格优先型	价值随着时间的推移不会出现明显贬值的货物	煤炭、钢铁、矿建材料、粮食等

由于在不同生命周期，不同的货物具有不同的衰减情况，本章引入平均衰减率，该衰减率与货物本身生命周期特征、货物品类特征和市场需求变化趋势相关，并用λ_t表示。用 $F(t)$表示描述货物价值特性函数，定义 $F(t)=\lambda_t \times t$。

1. 时效优先型产品

图 6-4 表示时效优先型产品的货物价值特性曲线，在产品生产初期，处于高利润区，这段时间客户能接受较高的价格；而随着时间推进，产品逐渐贬值，客户利润缓慢下降，而到了产品贬值后期，产品附加值迅速下滑，铁路运输企业要下降运价，才可以与其他企业竞争，并且政府不对其进行补贴，则会处于亏损状态。

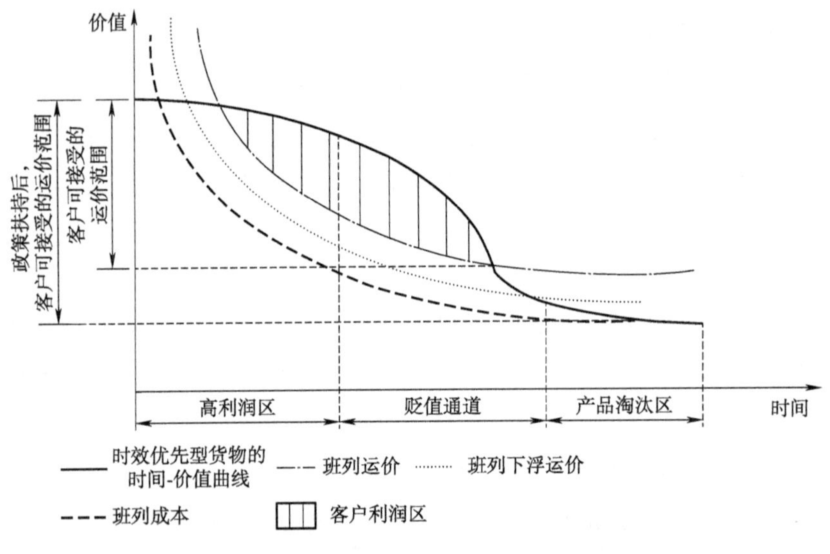

图 6-4　时效优先型产品的货物价值特性曲线

2. 价格优先型产品

图 6-5 表示价格优先型产品的货物价值特性曲线，这种产品

的价值一般不受时间影响。当货主选择此类产品时，其更注重价格，因而铁路很难与海运相竞争，因为铁路运输成本高，尤其在国际多式联运中，其各项支出花费价高，并须依靠补贴，才能与海运竞争。

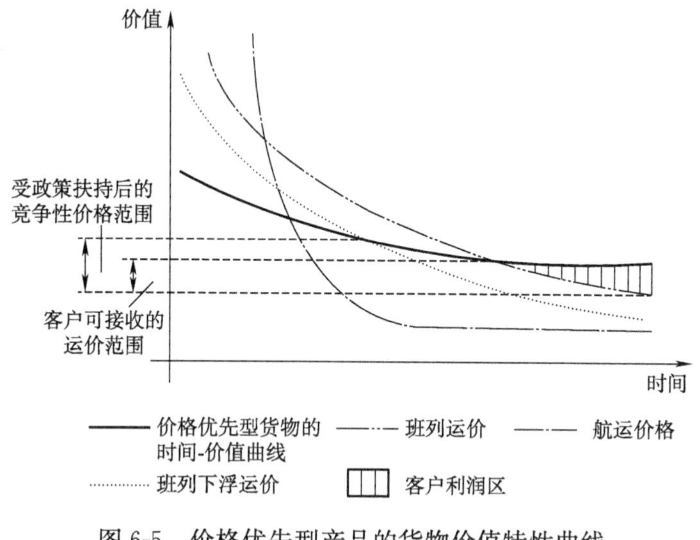

图 6-5　价格优先型产品的货物价值特性曲线

（三）目标货源价值特性分析

中欧班列为中欧国际贸易增加了除空运、海运以外的另一种运输方式，也为亚欧贸易带来了充足的货源。通过对现有班列分析，当前班列的货源大多为电子产品等时效优先型产品，通过货物价值特性分析法，选取几种产品，确定中欧班列潜在的货源品类。

1. 生鲜类产品。生鲜类产品的生命周期较短，该类货物主要为奶制品、蔬菜等，如果在保质期内没有运到目的地进行销售，货物将失去价值。

生鲜类的货物价值特性曲线如图 6-6 所示，当其保质期限为

$T<15$ 日时，其最佳运输时间为 5 日以内，而国际铁路联运的运输时间一般在 10 日以上，超过此类产品的最佳运输时间。因此，通常采用航空运输来运输生鲜类货物。

而当产品保质期限为 15～60 天时，以鲜花等产品为例，其最佳运输时间 10～20 天，此时铁路优势比较明显。

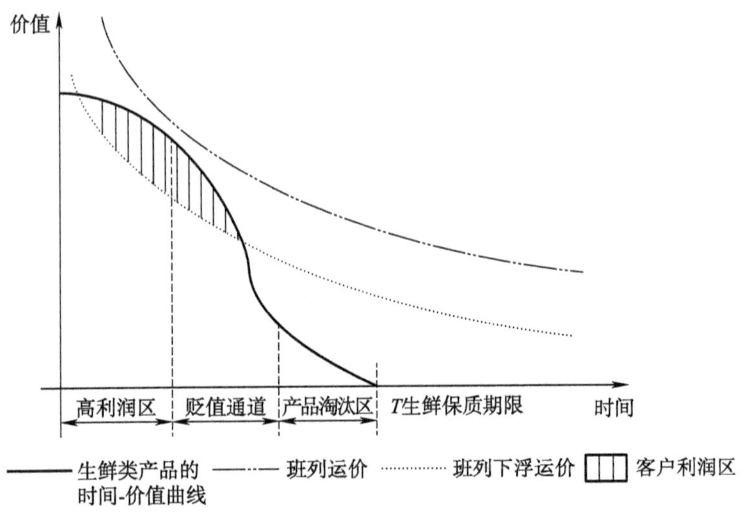

图 6-6　生鲜类产品的货物价值特性曲线

2. 电子类产品。电子类产品的技术更新期较短，其货物价值特性曲线如图 6-7 所示。主要包括手机、笔记本电脑等电子信息产品。

此类产品高利润区长，最佳运输时间为 16～25 日。铁路相较于海运、空运具有独有的时间和价格优势，此类货物价值与铁路运输特点相匹配。

3. 大型家电产品。大型家电产品的销售周期较长，其货物价值特性曲线(图 6-8)与电子类产品价值曲线类似，与以上两种产品

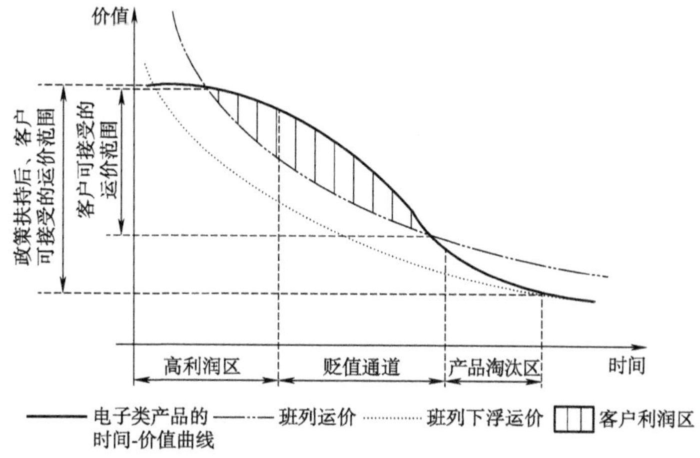

图 6-7　电子类产品的货物价值特性曲线

不同的是，其贬值通道持续时间较长，最佳运输时间一般在 20～30 日，铁路相较于海运、空运能为该类客户创造更大的利润空间，因此该类产品较为适合铁路运输。

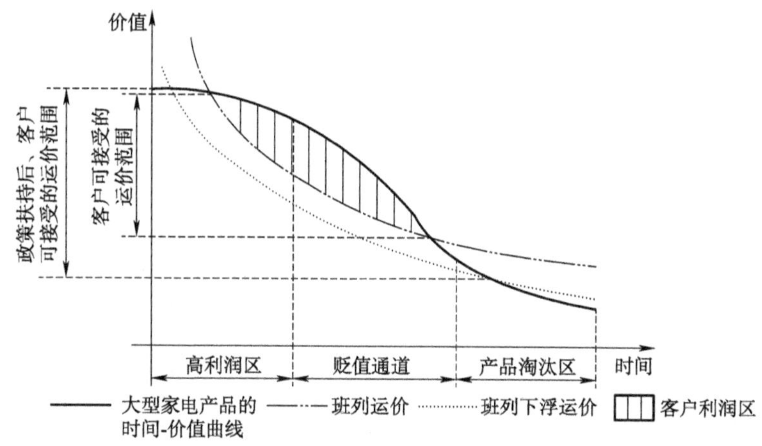

图 6-8　大型家电产品的货物价值特性曲线

(四)中欧班列货源分类

通过以上分析,中欧班列的目标货源品类可以锁定在电子类产品、机电类产品、轻工产品及家具玩具等生活用品。每类产品的具体货源分类见表 6-3。

表 6-3 中欧班列具体货源分类

货源品类	分类
电子类	手机、计算机、液晶显示器等
机电类	大型电器等
轻工产品	服装、纺织品、皮革制品、箱包、鞋、伞等
生活用品类	家具、玩具

三、中欧班列货运产品体系

(一)核心产品

核心产品是货运产品的基本产品,分别从运输方式类别和货物品类两个角度分析。

1. 依照运输方式的不同,中欧班列核心产品划分为铁路运输产品和多式联运产品两种。铁路运输产品是指只使用铁路线路进行运输的一种服务方式。多式联运产品即班列公司为客户提供内河、海运、公路、铁路多种运输方式联合运输服务。

2. 根据承运的货物品类的不同,班列公司应提供差异化运输产品,针对多样化的货物品类,应满足运量、运价及客户个性化的要求,即可考虑提供定制化专列运输产品。中欧班列货运产品以高附加值货物为主。

(二)形式产品

形式产品是运输产品借以实现的形式,是用户体验和评估运输服务主要方面。中欧班列货运产品的形式产品可以从运输时效、经营模式、运输组织方式等方面进行设计。

1. 运输时效。根据实地调研情况将货运产品分为半月达、20日达、整月达三类。

2. 经营模式。根据客户需求和中欧班列开行情况，可将中欧班列货运产品按照经营模型进行划分，包括自营班列、整列承租班列、部分承租班列三种形式。其中自营班列由班列公司自己进行货源组织；整列承租班列将班列整列承租给生产企业；部分承租班列是将整列中某一个或几个运输单元进行承租。根据经营模式划分货运产品能够起到扩大市场的目的，但运输关键环节仍需班列公司监管。

3. 运输组织。中欧班列货运组织涉及跨国运输，当客户货源稳定且充足，对运输时间敏感，则应采取跨国直达的运输组织形式；若客户对运输时间不敏感，应采取跨国中转的运输组织方式，两者可以差异化定价。

（三）附加产品

附加产品是随核心产品、形式产品提供的附加服务。就班列公司而言，主要是运输之外的其他物流服务，主要包括售前服务如货运班列产品营销、货运咨询服务等；售中服务如货物跟踪定位，仓储服务、报关服务、物流金融服务等；售后服务如投诉理赔、信息反馈；其他延伸服务如堆存服务、掏箱拼箱服务、运输代理服务等。

根据核心产品、形式产品、附加产品三个层次对中欧班列货运产品进行设计，如图 6-9 所示。班列公司可根据客户不同需求，组合不同产品，提供令客户满意的丰富运输产品。

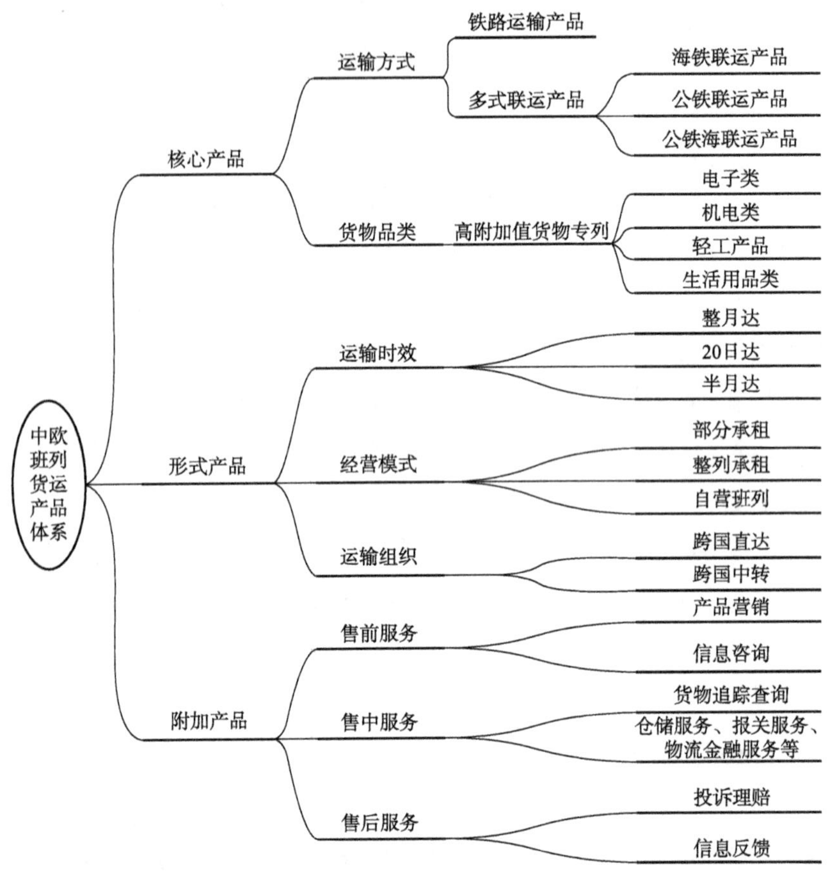

图 6-9　中欧班列货运产品体系

四、铁路绿色运输可持续发展

1. 实现绿色交通运输是必经之路。

我国“双碳”政策实施以来，在政策引导和市场需求的双重力量推动下，我国物流行业正积极探索低碳发展方向，助力中国能源及经济社会实现大转型。据有关数据显示，目前我国交通能耗已占全社会总能耗的20%以上。其中，交通运输、仓储和邮政业能源消费量在2018年就已达到了4.36亿吨标准煤，二氧化碳排放量约7.7亿t。可以说，仓储物流行业已成为交通运输的能源消耗大户和碳排放大户。如果想要实现碳达峰、碳中和，物流行业向“绿色化”发展至关重要，当然，这也对物流行业提出了极高的发展和转型要求。

2020年国家“双碳”目标提出后，国务院发布《中国交通的可持续发展》白皮书，同时举行新闻发布会。国家铁路局总工程师严贺祥表示，铁路具有大能力、低成本、节能环保等技术经济比较优势，是符合我国国情和可持续发展的绿色交通方式。近年来，在铁路运输量大幅增加的情况下，铁路污染物排放量大幅下降，实现了增产不增污。

铁路运输作为交通运输中的“大户”，降低污染物排放量，实现绿色交通运输是必经之路。铁路部门为了持续推动绿色发展理念，降低能源消耗和运输工作量综合能耗，能源结构也在不断完善、优化。

2. 完善铁路绿色发展体系，巩固铁路环境基础工作建设。

将生态环保理念贯穿于铁路规划、建设、运营、养护全过程，制定实施铁路建设项目环保重大信息报告，铁路工程环境保护设计规范，铁路工程节能设计规范，绿色铁路客站评价标准等制度标准；明确环保选线、生态保护和水土保持，噪声和振动污染治理，污水和废气治理，固体废弃物处置等基本原则，从源头上强化环保。此外，还要认真履行行业环保工作监管职能，落实各项环保措施，强化施工期环境监理，推进环保水保静态和动态验收，夯实环保水保专项验收基础工作，铁路工作人员环境保护意识普遍增强，环保理念深入人心，铁路环境保护基础工作进一步巩固。

3. 优化铁路绿色发展技术，发挥铁路绿色运输优势。

国家铁路承担了交通运输的重头，在此基础上若加强铁路降低温室气体排放技术改造和科研力度，采用直供电技术便利驱车取代原有不具备直供电技术的电力机车，节省柴油消耗，逐步采用空气源热泵和太阳能热水器替代既有燃煤、燃油锅炉，再结合发展铁水联运、公铁联运，发挥铁路绿色运输的优势，减少了运输环节污染物排放。

铁路可持续发展是发展铁路资源的同时保证自然资源的潜在能力，尽力使发展与环境相协调，减少并治理对环境的迫害，真正地实现绿色交通运输。

参考文献

[1] 道格拉斯·朗. 国际物流:全球供应链管理[M]. 刘凯,张晓东,译. 北京:电子工业出版社,2006.

[2] 田俊峰,杨梅,黄兴建. 供应链下铁路货运站开展物流服务的研究[J]. 铁道运输与经济,2003(10):11-13.

[3] 巴罗. 企业物流管理:供应链的规划、组织和控制(第5版)[M]. 王晓东,胡瑞娟,等译. 北京:机械工业出版社,2021.

[4] 罗晴. 俄罗斯铁路信息化建设和应用维护的启示[J]. 中国铁路,2006(4):63-65.

[5] 印丽雅. 新形势下铁路物流人事管理的改革与创新:以中铁快运人事管理为例[J]. 物流技术,2014,33(23):118-121.

[6] 黄新祥,陈雅萍,施丽华. 国际物流[M]. 北京:清华大学出版社,2014.

[7] 李建国. 兰州局集团公司货运市场化经营对策探讨[J]. 铁道货运,2020,38(9):33-39.

[8] 李建国,向万里,王久梗. 基于灰色遗传BP神经网络的铁路货运量预测[J]. 科技和产业,2022,22(1):119-124.

[9] 赵泽亚,刘珺,李建国,等. 铁路煤炭运输抑尘剂性状测试分析及应用建议[J]. 铁道货运,2022,40(4):23-27.

[10] 杨蓉,童年成. “一带一路”与中国国际物流新战略[M]. 北京:中国经济出版社,2016.

[11] 刘作义,郎茂祥. 运输商务[M]. 2版. 北京:中国铁道出版社,2016.

[12] 李树章. 铁路货运组织[M]. 上海:上海交通大学出版社,2017.
[13] 索占鸿,吴育俭. 运输包装工程[M]. 北京:中国铁道出版社,2000.
[14] 郑全成. 运输与包装[M]. 北京:清华大学出版社,北京交通大学出版社,2009.
[15] 林自葵. 货物运输与包装[M]. 北京:机械工业出版社,2015.
[16] 刘敏文,范贵根,薛民. 危险货物运输包装防护[M],北京:人民交通出版社,2006.
[17] 李勤昌. 国际货物运输[M]. 北京:中国铁道出版社,2018.
[18] 孙林. 铁路运输合同[M]. 北京:中国铁道出版社,2000.
[19] 侯朝峰. 铁路货物运输资源整合优化研究[D]. 长沙:中南大学,2011.
[20] 赵耀. 整合枢纽货运资源 发展铁路货运中心[J]. 物流技术,2008(2):5-7.
[21] 蔡昱,铁路货运组织[M]. 成都:西南交通大学出版社,2020.
[22] 彭其渊,王慈光. 铁路行车组织[M]. 北京:中国铁道出版社,2007.
[23] 铁道部信息技术中心,中铁信息工程集团. 中国铁路 TMIS 工程[M]. 北京:中国铁道出版社,2005.
[24] 张广州. 创新货运组织方式 构建市场需求与运力资源优化配置平台[J]. 铁道运输与经济,2009,31(4):13-17.
[25] 索占鸿. 集装运输[M]. 北京:中国铁道出版社,2005.
[26] 段满珍. 国际集装箱运输与多式联运[M]. 北京:清华大学出版社,北京交通大学出版社,2011.
[27] 铁道部信息技术中心. 铁路集装箱管理信息系统[M]. 北京:中国铁道出版社,2004.
[28] 吴育俭,郭维鸿,刘东岭. 铁路货运技术[M]. 北京:中国铁道出版社,2002.
[29] 卢丽勋,杨万枫. 冷藏运输制冷技术与设备[M]. 北京:机械工业出

版社,2006.

[30] 王世良. 机械制冷冷藏集装箱与运输[M]. 北京:人民交通出版社,2005.

[31] 戴实. 铁路货运组织[M]. 北京:中国铁道出版社,2007.

[32] 卢士勋. 我国冷藏集装箱技术发展和应用概况[J]. 制冷技术,2004(3):6-7.

[33] 郭萍,纪嘉伦,张岚,等. 我国铁路冷藏运输的现状及发展对策分析[J]. 铁道货运,2004(3):36-38.

[34] 吴蒙,程希,罗志勇,等. 铁路货物运输市场运输结构调整成效及对策研究[J]. 现代商贸工业,2021,42(22):27-28.

[35] 李龙江,张俊勇. "公转铁"背景下我国铁路货运增量的分析研究[J]. 铁路采购与物流,2020,15(5):58-61.

[36] 王铁力. 煤炭铁路运输过程中的环境污染及防治[J]. 洁净煤技术,2014,91(3):112-114.

[37] 谷朝君,姜海波,宋珺,等. 铁路货场土壤重金属污染研究[J]. 铁路节能环保与安全卫生,2010,37(1):29-31.

[38] 梅钢,于进. 绿色货运的内涵与实施策略研究[J]. 产业与科技论坛,2010,9(2):75-78.

[39] 张沙清,邓焕彬,唐万和. 绿色货运发展的问题与对策研究[J]. 价值工程,2013,32(21):22-24.

[40] CHEN Q, TSAI S B, ZHAI Y M, et al. An empirical study on low-Carbon: human resources performance evaluation [J]. International Journal of Environmental Researchand Public Health,2018,15(1).

[41] PETER NIJKAMP, AURA REGGIANI, SIMONA BOLIS. European freight transport and the environment: empirical applications and scenarios[J]. Transportation Research, Part D: Transport and

Environment,1997,2(4):233-244.

[42] BLEIJENBERG A N, DINGS J M W . European transport: emission trends and policy responses[J]. Studies in Environmental Science, 1998(72):579-599.

[43] SOUTHWORTH F, PETERSON E B. Intermodal and international freight network modeling[J]. Transportation Research, Part C: Emerging Technologies,2000,8(16):147-166.

[44] BONTEKONING Y M, MACHARIS C, TRIP J. Is a new applied transportation research field emerging? -A review of intermodal rail-truck freight transport literature[J]. Transportation Research Part A: Policy and Practice, 2004, 38(1): 1-34.

[45] JOSÉ HOLGUÍN-VERAS . Necessary conditions for off-hour deliveries and the effectiveness of urban freight road, pricing and alternative financial policies in competitive markets [J]. Transportation Research Part A: Policy and Practice,2008,42(2):392-413.

[46] STEPHEN ANDERSON, JULIAN ALLEN, MICHAEL BROWNE. Urban logistics-how can it meet policy makers-sustainability objectives[J]. Journal of Transport Geography,2005(13):71-81.

[47] ABDELKADER SBIHI, RICHARD W EGLESE. Combinatorial optimization and green logistic [J]. A Quartery Journal of Operations Research,2007,5(2): 99-116.

[48] LAETITIA DABLANC. Goods transport in large European cities: difficult to organize, difficult to modernize [J]. Transportation Research, Part A:Policy and Practice,2007,41(3):280-285.

[49] SONG L Y,CHERRETT T,MCLEOD F,et al. Addressing the last mile problem-the transport impacts of collection/delivery points[J]. Meeting of the Transportation Research Board,Washington D C,

2009(10).

[50] ALBERTO M ZANNI, ABIGAIL L BRISTOW. Emissions of CO_2 from road freight transport in London: Trends and policies for long run reductions[J]. Energy Policy, 2010, 38(4): 1 774-1 786.

[51] KATARZYNA NOWICKA. Smart city logistics on cloud computing model[J]. Procedia-Social and Behavioral Sciences, 2014 (3): 266-281.